요리를 한다는 것

출판사 클의 책을
만나보세요.

요리를 한다는 것

1판1쇄 펴냄 2025년 6월 23일
1판4쇄 펴냄 2026년 1월 19일

지은이 최강록

펴낸이 김경태
편집 조현주 홍경화 강가연
디자인 박정영 김재현 | **마케팅** 정현우 정보경
사진 최기홍(앤더위켄드 스튜디오)

펴낸곳 (주)출판사 클
출판등록 2012년 1월 5일 제311-2012-02호
주소 03385 서울시 은평구 연서로26길 25-6
전화 070-4176-4680 | 팩스 02-354-4680 | 이메일 bookkl@bookkl.com

ISBN 979-11-94374-29-9 03810

이 책은 저작권법에 의해 보호를 받는 저작물이므로 무단 전재 및 무단 복제를 금합니다.
잘못된 책은 바꾸어드립니다.

요리를 한다는 것

최강록

흐름

차례

프롤로그 • 7

음식이라는 것

1 먹는다는 것 • 11
2 면식인생—라면 • 19
3 면식인생—우동, 짜장면, 짬뽕 • 24
4 면식인생—메밀면 • 31
5 술 • 39
6 평범한 날 특별한 음식 • 45
7 특별한 날 평범한 음식 • 50
8 가족과의 외식 • 54
9 혼자 먹는다는 것 • 58
10 맛이라는 기억 • 63

요리를 한다는 것

1 조림 • 69
2 생선회 • 74
3 구이 • 82
4 찜 • 85
5 육수 • 89
6 튀김 • 93
7 밑손질 • 96
8 칼 • 102
9 그릇과 도구들 • 108
10 메뉴 개발하기 • 111
11 나의 요리 • 116

식당을 한다는 것

1 출근 · 123
2 장보기 · 126
3 재료 밑손질 · 133
4 점심 식사와 오후 시간 · 138
5 손님 맞기 · 142
6 메뉴 · 146
7 영업 시간 · 150
8 마감 · 155
9 퇴근 · 158
10 식당 네오 · 162
11 나의 식당 · 168

요리사로 산다는 것

1 요리사의 재능―요리사를 꿈꾸는 사람들에게 · 175
2 요리사 되기 · 180
3 걱정, 걱정, 걱정 · 186
4 소소한 즐거움 · 191
5 좌절감 · 196
6 요리사가 되어서 하게 된 일― 학교 강의 · 199
7 요리사가 되어서 하게 된 일― 서바이벌 프로그램 · 202
8 요리사가 되어서 하게 된 일― 요리 프로그램 · 207
9 요리사가 되어서 하게 된 일― 유튜브와 책 · 213
10 나는 요리사다 · 218

프롤로그

안녕하세요. 최강록입니다.

오랜만에 책을 한 권 내게 되었습니다. 인쇄에 들어가기 직전에 제가 쓴 글을 다시 처음부터 찬찬히 읽어보니 개인적인 얘기를 많이 드러낸 것 같아 부끄러워집니다.

이렇게 책을 쓴 것도 그렇고, 행운처럼 찾아온 특별한 경험을 몇 번 하긴 했지만, 지금까지 살아온 시간을 돌이켜보면 저는 요리를 하는 직업을 가진 평범한 생활인이었습니다. 그런 저의 지난날과 현재의 일상을 음식, 요리, 식당, 요리사라는 키워드로 나누어 이 책에서 얘기해보았습니다. 저의 솔직한 기쁨과 슬픔, 희망과 걱정을 읽어보시면서 공감이 되신다면 작은 위로를 받으셨으면 좋겠습니다. 그리고 우리 인생에서 음식과 요리란 무엇인지, 일과 직업이란 무슨 의미인지 생각해보는 기회가 되었으면 합니다.

고맙습니다.

음식이라는 것

1
먹는다는 것

지금도 술을 즐기지만 20대의 나는 술을 더 좋아했다. 그런데 술이 좋은 게 아니라 술을 마시는 분위기가 좋은 거라고 말하고 다녔다. 아마 술자리를 만들려는 구실이었던 것 같다. 그땐 술을 참 무의미하게 들이부었다. 소주만 마셨는데, 다들 맥주는 배부르다 하고 막걸리는 머리 아프다 했다. 뭐라도 고르면 구박받고 조롱당하던, 취향을 얘기할 수 없던 시절, 안주가 싼 데만 가서 빈 술병을 죽 세워두고 마시던 시절, 서로 "너 몇 병 먹어?" 하면서 병 수로 객기를 부렸다.

내 힘으로 돈을 벌던 30대 때는 내가 원하는 술집을 골라 다녔다. 그러면서 깨달았다. 나는 안주가 맛있는 집을 고르고 있었구나. 내가 좋아하는 건 술도 분위기도 아니라, 술을 마시면서 함께 먹는 음식이었다. 지금도 생각나는 음식들이 있다. 그때 김치찌개집에 가면 늘 '짤라'를 시켰다. 부들부들한 삶은 고기가 너무 맛있어서 일하시는 아주머니한테 물어봤다. "이게 무슨 부위예요?" "이거 짤라야." "그래서 부위가 어디냐고요?" "짤라라니까!" 더 물어보면 바쁜데 말 시킨다고 화를 내실 분위기였다. 사실 정확히 어느 부위인지 아는 사람이 그 가게에 없었다. 짤라는 소의 내장을 삶은 것이다. 숭덩숭덩 잘라내서 그런 이름이 붙었을까? 지금은 어느 식당의 정식 메뉴가 되어 세련된 모습으로 거듭났지만, 그전에는 그릇에 대충 수북히 담아낸 투박한 메뉴였다. 가격도 저렴한데 먹고 나면 몸보신을 한 느낌이어서 돈을 번 것만 같았다. 이것 때문에 술을 더 먹었으니 몸에 좋을 리도, 돈을 벌었을 리도 없었지만. 한동안 이런 내장수육에 꽂혀서 어머니대성집에 갔고, 곱창이 들어간 곰탕 맛에 하동관을 다녔다. 나에게 포차의 기준이 된 가락동 원조포차의 병어조림은 비싸서 자주 못 먹었지만, 모둠생선구이의 튼실한 살점을 하나 집어들 때까지 소주잔을 들지 않았다.

그 무렵, 친구들도 더 이상 '술 몇 병'으로 경쟁하지 않았다. '부심'은 어디서 뭘 먹어봤는지로 옮겨갔다. 줄 서는 게 기본인 식당에 가봤는지, 소문만 듣던 메뉴를 몇 번 먹었는지로 어깨에 힘을 주던 때가 지나면, 그래서 그 맛이 어땠는지, 평가의 단계로 들어간다. 나는 맛있는 음식을 먹는 즐거움을 알게 되면서 다른 맛들이 더 궁금해져 자연스럽게 맛집을 찾아다녔다. 맛집에 관심이 있는 친구가 있으면 정보도 자주 공유하고 화제도 풍성해졌다.

일본으로 요리 유학을 갔을 때 본격적으로 현지 맛집을 찾아가보고 싶었다. 그런데 돈이 없었다. 학비 때문에 밥 한 끼는 먹어도 미식은 즐기지 못했다. 학교 동기인 일본 학생들과 모임을 갖고서 일주일에 한 번씩은 5천 엔 정도로 코스 요리를 하는 식당을 돌아보자고 했는데, 몇 번 못 갔다. 일본 학생들도 스무 살 언저리여서 서른 살 유학생인 나와 비슷한 신세였다. 그러다 보니 나중에는 가성비 위주로 식당을 찾게 되었고, 결국 이자카야로 전향하게 되었다.

이자카야의 가장 큰 장점은 밥과 술을 한 번에 해결할 수 있다는 것이다. 동네마다 오래되고 저렴한 이자카야에는 퇴근 후 혼자 와서 술 한잔에 저녁 한 끼를 먹고 가는 직장인들이 많다. 매일 저녁 들르는 직장인처럼은 할 수 없었지만, 나도 일주일에 몇 번은 아르바이트 하고 학교 갔다가 저녁이면 혼자서 이자카야에 갔다. 명란구이, 생선회 몇 점 같은 작은 접시 요리 또는 면요리 한 그릇에 잔술 한 잔. 갈 때마다 조금씩 다른 것들을 시켜 먹었다.

나는 감자샐러드를 제일 좋아했다. 한국에서는 술안주로 먹을 일이 없는 메뉴인데, 먹어보니 생각보다 괜찮았다. 양이 과하지도 않은데 든든한 느낌도 있어서 첫 안주로 많이들 시키는 것 같았다. 삶은 감자와 계란을 마요네즈에 버무린 요리가 평범할 것 같지만, 알고 보면 가게마다 개성이 있다. 아삭하게 씹히는 오이나 양파는 꼭 들어 있고, 거기에 베이컨을 넣기도 하고, 고추기름을 뿌린다거나, 노른자를 흘러내리게 한다거나, 양파튀김을 올린다. 감자샐러드를 이렇게 복잡하게 해석할 수도 있구나 싶었다. 그래서 어떤 이자카야에서는 간판메뉴로 내세우기도 했다.

이자카야에는 소박한 음식에 다양한 맛이 담겨 있었다. 먹는다는 것의 색다른 재미를 동네 이자카야에서 발견했다. 유학생 신분으로 정신줄을 놓고 시켜먹다간 타지에서 굶어죽을 수도 있을 것 같아서 1500엔을 한도로 두었다. 두세 잔 마시면서 음식 맛을 본 건데, 지금 생각해보니 5천 엔 코스보다 돈이 더 들었을지도 모르겠다.

본격적으로 요리사로 일하면서, 먹는다는 것은 즐거움 이상의 의미가 되었다. 특히 제철 음식이 나오는 식당에 가면 손님으로서 신선한 식재료를 맛보는 기쁨도 있지만, 요리사로서 내가 아는 식재료의 최상의 맛을 경험할 수 있고 계절 변화를 바로 실감할 수 있었다. 벌써 주꾸미 철이네. 이제 굴을 써도 되나. 좀 있으면 나물이 잔뜩 나오겠네. 메뉴 개발까지는 아니더라도 메뉴 구성에 큰 도움이 되었다.

　그 무렵 어머니는 요리로 먹고사는 아들을 위해 신문에 나온 유명 맛집 기사들을 스크랩해두시곤 했다. 그 덕분에 어머니와 둘이서 줄 서는 식당들을 여러 군데 가보았다. 그런 곳을 다니다보면 이래서 사람들이 찾는구나 하는 집도 있었고, 이름값이 허상이구나 싶은 집도 있었다. 수많은 식당을 가보고 나서 맛집에 대한 개인적인 기준이 생겼다. 먹고 나왔을 때 '간이 절묘해' '소스가 맛있어' 이런 세세한 판단이 아니라, '합리적'이었다고 생각이 들면 나는 그곳을 맛집으로 인정한다. '합리적'이라는 건 '가성비'와는 다른 기준이다. 싸고 맛있어도 먹고 나왔을 때 찜찜한 곳이 있고, 돈을 많이 써도 '괜찮았어' 하는 곳이 있다. 가격뿐만 아니라 음식의 맛을 포함해 그곳에서 내가 보낸 시간에 대해 종합적으로 평가를 하게 된다. 다시 말하면, 중요한 것은 전반적인 만족스러움이다. 먹는다는 것은 입안에 맛있는 음식을 넣는 것에 그치지는 않고, 우리의 삶에 만족스러운 시간을 하나 더 추가하는 일인 것 같다.

　내가 먹는 걸 좋아하는 줄도 몰랐던 20대, 먹는 걸 좋아한다는 걸 알게 되고 즐긴 30대를 지나 40대가 된 지금도 가끔씩 혼자서 맛있는 식당을 찾는다. 이젠 아주 허름한 곳도 망설임 없이 들어가곤 한다. 하지만 가족이 생기니 아무래도 생활 패턴이 달라지게 됐다. 혼자 다니기보다 가족이 함께 나서는 게 자연스러워졌고, 무엇보다 아이의 식성이 최우선일 때가 많다. 그래도 먹는 걸 좋아하는 건 변함이 없으니 내가 50대가 되면 먹을 수 있는 게 더 많아진 아이와 함께 '합리적인' 맛집을 찾아다니지 않을까?

 나에게 먹는다는 것, 맛을 즐긴다는 것은 모험이다. 새로운 식당에 가는 것도 모험이겠지만, 먹는 것 자체가 지금 바로 내 안에서 펼칠 수 있는, 즉시 실행할 수 있는 모험, 입안의 소소한 어드벤처다. 누군가에겐 일상 속 모험이 등산일 수도, 여행일 수도 있겠지만, 요리를 하는 나의 모험은 메모해놓은 식당을 찾아가는 것, 그곳에서 새로운 맛을 경험하고 만족스러운 시간을 보내는 것이다.

 내가 어렸을 때만 해도 어른들한테서 돈 밝히지 말라는 것처럼 먹는 것 밝히지 말라는 가르침을 받았다. 어린아이가 먹는 것에 자기주장을 펼치기 어려웠던 분위기였다. 그래서 음식이 주는 여러 가지 즐거움을 잘 몰랐다. 막 성인이 돼서도 부모님이 늘 드시던 걸 따라 먹었다. 그게 안전하니까. 그러다 내가 본격적으로 돈을 벌 즈음 모험이 시작됐다. 부모님이 사주시던 짜장면에서 벗어나 내 돈을 내고 탕수육을 사먹게 되면서 맛의 세계가 조금 열린 것 같다. 안 먹어본 것들을 하나씩 먹고 싶은 마음이 나한테는 모험심이었다. 그렇게 내가 가볼 수 있는 맛의 세계가 점점 넓어지면, 탕수육 말고 류산슬이란 걸 먹어보고 싶은 날이 오는 것이다. 이건 이런 맛이구나. 요런 식감도 나네. 맛을 음미하고 평가하고 비교하는 즐거움을 알게 됐다.

그렇게 모험의 경험이 쌓이면 게임에서처럼 레벨업이 된다. 레벨업이 되면 얘깃거리가 많아진다. 나도 차근차근 레벨업이 되면서 어디 가면 뭘 먹을 수 있는지, 그건 무슨 맛인지 가족과 친구들에게 알려줄 수 있는 모험담이 늘어났다. 요즘에는 아직 어린 우리 아이에게 내가 먹었던 음식에 대해 자주 얘기한다. 경험에서 나온 지혜를 전달하는 것이 부모로서 할 수 있는 교육이라는 말을 들은 적이 있다. 먹는 걸 좋아하는 요리사 아빠라면 수학이나 예술을 가르쳐주진 못해도 (내 성적표에 수학은 '양', 미술은 '가'였다.) 음식 얘기는 잘해줄 수 있다. 이 요리는 저 식당이 잘해. 이건 이렇게 해서 먹으면 맛있어. 이 음식은 이렇게 하니까 잘 먹게 되더라. 당장은 아이가 이해하지 못해도 언젠가 아빠가 음식 얘기를 많이 해줬다는 기억이 좋은 추억으로 남기를 바란다. 어릴 적 들었던 아빠의 음식 얘기가 나중에 아이가 커서 스스로 모험을 떠날 때 함께하는 오래된 지도가 되어주지 않을까?

나도 할아버지가 돼서도 맛의 모험을 계속할 수 있으면 좋겠다. 그때는 또 새로운 세계가 펼쳐질 것 같다. 그런데 나는 맛있는 걸 먹을 때 늘 술 한잔 곁들이니까 술 마실 체력이 남아 있어야 하는데 그게 걱정이다.

2
면식인생 — 라면

시기마다 음식 탐험의 주제가 있다. 한마디로 어떤 음식에 꽂히는 것이다. 돈가스에 몰두하던 때가 있었다. 〈돈가스의 기술〉을 번역하기 전에 원서로 그 책을 읽어봤는데, 거기에 '하얀 돈가스'가 나왔다. 그런 독특한 돈가스를 보면서 다양한 돈가스의 세계에 빠져들었다. 그 탐험 주기가 정기적으로 바뀌는 건 아니지만, 탐험의 주제가 이 정도면 됐다고 생각되는 경우도 있고, 더 신선한 충격이 오면 후순위로 밀려버리는 경우도 있었다. 돈가스는 전자였다. 아무래도 기름진 음식이라 빨리 질릴 수밖에 없었다.

반면 탐험의 단계로 넘어가지 않아도 되겠구나 하는 음식도 있다. 너무 매운 것, 맛이 아닌 자극에 치우친 것은 아예 시도를 안 한다. 20대 때 호기심에 친구들과 불닭을 먹었는데, 어떻게 하면 이 고통이 끝날 수 있을까, 너무 괴로워서 정말 몸을 어찌해야 할 바를 몰랐다. 필요 이상의 것들이 들어 있는 음식을 먹으면 나는 화가 난다. 그래서 감정의 밸런스를 깨뜨리는 음식은 먹지 않는다.

그리고 나에게 장기적인 과제 같은 주제가 있다. 주기적으로 한 번씩 업계를 순찰하며 현황을 파악하게 되는 것. 바로 나를 면식인생으로 이끈 면요리들이다. 나는 면요리를 좋아한다. 국물이 있든 양념이 있든, 뜨겁든 차갑든 간에 내 앞에 놓인 면의 맛을 잘 받아들이고 먹는 편이다. 왜 유독 면요리를 좋아하냐고 묻는다면 이렇게 답하겠다. 좋아하는 것들을 모아봤더니 면이더라.

내 인생 최초로 불을 사용해 먹을 것을 만들어본 것이 바로 라면이었다. 해피면, 장수면같이 라면의 이름조차 행복하고 건강했던 나의 초등학생 시절이었다. 몇 살이었는지 정확히 기억나진 않지만 가스불을 켤 때 타닥타닥 하던 소리가 기억난다. 냄비 속의 물이 팍팍팍 끓으면 라면 봉지를 뜯어 면을 꺼내 냄비에 넣고 젓가락으로 조심스럽게 면발을 풀어본다. 뜨거운 물이 손에 튄다. 앗 뜨거. 라면 스프를 풀어넣고는 한 발 물러나서 팔을 쭉 뻗어 젓가락으로 냄비 안을 휘젓는다. 용기 내어 계란도 깨뜨려 넣어본다. 껍데기 몇 조각이 빠졌지만 꺼낼 엄두는 내지 못한다. 완성된 라면을 식탁에 조심조심 올리고는 뿌듯한 마음으로 한 젓가락 들어올려 후후 불어 식힌 뒤 드디어 한입 먹고 외친다. "싱거워!" 누구에게나 첫사랑이 있듯이 한국 사람이라면 첫 라면의 기억이 있을 것이다. 물 조절에 서툴었던 우리의 첫 라면은 싱겁기 마련이다.

어린 내가 쉽게 만들어볼 수 있는 걸 찾다가 우연히 만난 라면이지만, 라면의 매력은 바로 봉지만 뜯으면 응용의 세계가 펼쳐진다는 점이다. 라면은 아주 좋은 베이스가 되어주어서 간단하게 응용 요리를 만들어볼 수 있다. 그 핵심에는 전문가들이 머리를 맞대서 만든, 포용력이 좋은 라면 스프가 있다.

호기심 많은 초등학생의 라면 진화사는 다음과 같다. (라면 이름은 지금 붙인 것이다.) 슬라이스 치즈를 두 장 덮어 불을 끄고 뜸을 들여 완성한 치즈이불라면. 냉동만두를 넣어 라면 국물에 젖은 만두까지 먹어보겠다는 일석이조라면. 자신감이 너무 붙어 엄마가 썰어둔 생채소에까지 손을 대기 시작해 국물에 양파를 넣고 대파 고명을 준비했던 자만심라면. 기존 스프맛을 거부하며 창조자의 영역까지 침범해 일본 분말 조미료인 '혼다시'를 넣고 끓인 양국화해라면, 물의 양을 대폭 줄이고 사치스럽게 계란 두 개를 풀어넣은 나의 '최애' 계란죽라면.

계란죽라면의 키포인트는 라면 스프가 연구자들의 결실임을 인정하는 것이다. 물에 풀기만 했는데 이런 맛이 나다니.

그래서 라면 맛의 결정체인 국물에 계란으로 농도를 잡는다고 생각하면 된다. 계란이 국물을 다 품고 있으니 얼마나 맛있을까. 걸죽한 소스가 된 계란으로 면이 군데군데 코팅이 된다. 면이 10분의 1쯤 남았을 때 밥을 말아야 한다. 남은 면과 밥을 함께 먹어야 계란죽라면이 완성된다. 이렇게 한 그릇이면 라면이어도 부실하게 먹지 않은 느낌이 든다. 계란 단백질을 충분히 섭취하니까. (반면 국물의 나트륨도 다 먹게 되고 탄수화물도 두 배가 된다는 단점이 있긴 하다.) 지금도 혼자 있을 때는 이렇게 해먹는데, 매운맛보다는 순한맛 라면이 잘 어울린다. 진라면, 안성탕면 특히 스낵면에 안성맞춤이다.

이것의 변형으로 '라면 국물에 익힌 포치드에그'가 있다. 계란 두 개 중 하나는 수란으로 만드는 것이다. 계란을 면 위에 떨어뜨리고, 면으로 이불을 덮듯이 계란 위를 살살 덮어놓으면 된다. 중요한 건 노른자가 반숙보다 덜 익어야 한다는 점이다. 먹을 때 가운데를 터뜨리면 노른자가 흘러내리게 한다. 노른자가 배가 볼록 나온 금붕어 같고 흰자가 꼬리처럼 보여서 귀한 '금붕어'라고 부른 적이 있었다.

이 진화의 최종 단계는 스스로 라면의 고수라고 여겼던 중1 때였다. 라면을 끓이면서 피자 치즈를 그릇에 가득 담아 갈색이 될 때까지 전자레인지에 돌린다. 라면이 준비되었으면 젓가락에 그 치즈를 감는다. 그 젓가락으로 라면을 떠 먹는다. 치즈의 짭짤하고 쫄깃한 맛이 탱글탱글한 라면 면발과 동시에 입안에 들어온다. 지금 생각해도 뭐라 이름 붙이기 힘든 기발한 방법 아닌가?

- 젓가락 진입 직전 -

3
면식인생 — 우동, 짜장면, 짬뽕

라면의 몇 배 되는 두께의 밀가루면, 라면의 벌건 국물이 아닌 맑은 장국. 라면이 전부인 면식인생에서 처음으로 새로운 세상을 열어준 것은 우동이었다.

중학교 때 동네 상가 건물 1층에 장터국수라는 체인점이 있었다. 거기서 어묵우동을 먹었는데, 포장마차에서 팔던 두툼한 가락국수와 비슷한 면이었다. 당시에는 그걸 우동이라고 불렀다. 그런데 그 건물 2층에 삼궁우동이라는 우동 전문점이 생겼다. '본격수타우동'을 표방한 식당이었다. 그 집 우동은 '본격'이라는 단어만큼이나 나에게는 충격이었다.

요즘 우리가 우동이라고 했을 때 떠오르는 그 통통한 면발을 삼궁우동에서 처음 먹어봤다. 내가 좋아한 메뉴는 고기우동이었는데, 30분이 지나도 국물이 식지 않을 것만 같은 철냄비에 담겨 나왔다. 탱글한 우동면이 탁한 고깃국물에 잠겨 있었고, 그 위에 톡 떨군 계란은 흰자가 노른자를 품고 있는 듯 수란이 되어가는 모습이었다. 그 주변에는 얇은 쇠고기들이 국물을 덮고 있었다. 한시라도 참는 게 고역이었다. 청일점인 쑥갓을 국물 속으로 쑤욱 눌러 살짝 숨을 죽인 후 면 전체를 크게 한번 뒤섞어준다. 휘저은 젓가락을 잠시 내려놓고 그 옆에 있는 국물용 숟가락으로 국물을 떠서 다섯 번 정도 크게 후후 불어 후루룩 마셔본다. 여전히 뜨겁다. 아직 뜨거운 국물로 단련이 덜된 중학생은 입안을 자주 데곤 했다. 이제 면을 먹을 차례다. 두툼하고 미끌거리는 우동을 젓가락으로 떠서 입에 넣는다. 국물이 밴 탱탱한 면발은 씹을 때마다 새로운 즐거움이었다.

나는 엄마를 졸라서 일주일에 한 번은 고기우동을 먹으러 갔다. 우동면의 쫄깃한 식감도 새로웠지만, 펄펄 끓는 국물에 넣고 익힌 얇은 소고기가 너무나도 맛있었다. 그때부터 구워 먹는 고기보다 이렇게 간이 밴 얇은 고기가 더 좋았던 것 같다. 어렸을 때의 경험은 커서 하는 경험과 연결되곤 한다. 일본 오사카의 명물 니쿠스이肉吸い라는 게 있다. 우동면 없는 우동국물에 얇은 고기를 많이 넣고 계란을 톡 떨어뜨려주는 음식인데, 오사카에 가서 니쿠스이를 보자마자 30년 전 삼궁우동에서 고기우동을 먹던 중학생 때의 한 장면이 아련하게 떠올랐다.

우동이 이벤트처럼 찾아왔다면 언제나 내 주위에 있었던

것은 짜장면이었다. 면식인생에서 짜장면을 빠뜨린다면 짜장면에게, 짜장면을 먹어왔던 세월에 미안할 정도다. 내가 처음 기억하는 짜장면의 가격은 500원이었다. 100원짜리 동전을 모아 삼촌과 짜장면을 먹으러 갔던 때가 확실하게 머릿속에 남아 있다. 짜장면을 언제부터 좋아했는지는 모르겠다. 하지만 한국인이라면 다 갖고 있지 않을까? 짜장면에 대한 내적 친밀감. 어렸을 때 친구 같은 아련한 추억. 먹고 싶어서 먹고, 먹을 게 없어서 먹고, 먹어야 될 것 같아서 먹은 음식이 짜장면이었다.

가끔씩 짜장면은 무슨 의식의 주인공으로 등장한다. 졸업식, 입학식, 그리고 이삿날. 다른 음식 이름이라도 꺼냈다간 "무슨 소리야, 짜장면 먹어야지!" 한소리를 듣고도 남았다. 여기에 누군가 탕수육을 쏜다 하면 그날은 특별한 날이었다. 고2 때 선생님 이사를 도와드리러 간 적이 있었다. 그래도 남자 고등학생 정도면 일꾼으로 쓸 만했던 것 같다. 그날도 이사를 마치고 선생님이 고마워하면서 큰 소리로 한마디 하셨다. "고생했다. 짜장면 시켜줄게!" 요즘도 짜장면을 안 먹으면 서운한 날이 있을까? 요즘 젊은 사람들도 짜장면을 즐겨 먹나?

적당히 열이 들어간 양파의 맛이 배어든 달큰하고 걸쭉한 소스. 쫄깃쫄깃하고 노르스름한 중화면. 가끔씩 만날 수 있는 행운의 돼지고기. 이 모든 게 푸짐하게 담긴 초록색 멜라민 그릇. 예전에는 고명으로 오이채와 메추리알까지 얹어주었다. 지금이야 짜장면 종류도 여러 가지지만, 그때는 동네 '중국집'마다 짜장 스타일이 달랐다. 그래서 입맛에 맞는 스타일을 시켜먹었다. 요즘 말로 '전화 주문'이었다. 나는 고기도 갈고, 양파, 당근 같은 채소도 곱게 다져 넣은 짜장면을 좋아했다. 언제부턴가 그걸 유니짜장이라고 불렀다. 이제 짜장면은 상향 평준화가 된 것 같다. 맛없는 집을 찾기가 어렵다. 전 국민 음식이라 안 먹어본 사람이 없으니 다들 평가도 신랄하게 해서 그런지 모르겠다.

면을 다 먹고 나면 젓가락을 숟가락으로 바꾸고 남은 소스에 밥을 비빌 때 느껴지는 행복이 있다. 식당에 둘이 가면 공깃밥 한 개를 시켜 반씩 나눠먹으면 딱 맞다. 이렇게 먹을 때 꼭 소스에 뚝뚝 끊어진 면 조각이 남아 있어야 한다. 소스에 잘 비빈 밥을 떠서 입안에 넣었을 때 밥과 면이 동시에 씹히는 식감이 한 끼 짜장면 식사를 마무리해주는 기분이다.

우리 아이는 다섯 살 때 처음 짜장면을 먹었다. 면을 가위로 잘라주었는데, 이제는 직접 끊어먹는 연습을 해보라고 한다. 음식도 결국은 부모의 교육인데, 나도 짜장면을 가르쳐버리고 말았네. 너도 이제 한국인이구나.

짜장면의 친구 짬뽕에 관심을 갖게 된 건 30대 중반이 넘어서였다. 매운맛 때문에 안 좋아했는데, 친구가 하는 식당에서 짬뽕을 먹으면서 관심을 갖게 됐다. ('오향가'라고, 지금은 사람들이 많이 찾는 맛집이 되었다.) 이 집 짬뽕은 고기를 따로 볶아서 위에 수북이 얹어주는 게 눈에 띄는 특징이었는데, 더 좋았던 건 국물이었다. 사골육수로 끓인 짬뽕이 맛있다는 걸 처음 알았다. 해물육수가 맛있다는 사람들도 있는데, 나는 고깃국물파다. 해물육수에 고기를 넣는 것보다 고기육수를 기본으로 하고 거기에 해산물을 추가하는 게 더 좋다. 기본적으로 고기육수와 해물육수의 느낌이 다르다. 해물육수가 개운하다면 고기육수는 꾹 누르는 맛이 있다. 입속 중력이 지구의 중력보다 세지는 기분이다. 나는 이걸 국물이 묵직하고 빈틈이 없다고 표현한다.

짬뽕의 맛을 알고 짬뽕을 먹으러 다녔다. 각 지방의 유명한 짬뽕집도 다 가봤는데, 기억에 남는 곳은 매번 갱신되었다. 지금은 이비가가 먼저 떠오른다. 한국형 짬뽕으로 자리를 잡아 맛이 안정적이라는 인상이다. 사골육수에 굴을 넣은 국물이 특히 좋은데, 속 편한 매운맛이다. 미리 알아보지 않고 식당에 가다보면 '불짬뽕' 같은, 매운맛으로 승부를 하는 메뉴가 걸리기도 한다. 매운 것도 좋지만 맛있게 매웠으면 좋겠다. 너무 매워서 감정선을 건드리면 곤란하다.

짬뽕을 알게 되니 짬짜면의 세계가 펼쳐졌다. 짜장면과 짬뽕을 한 번에 먹을 수 있다니. 요리를 하는 사람으로서 짬짜면

1. 짜장면을 얼른 먹는다.
2. 짬뽕영역에서 면을 1/3정도 짜장영역으로 옮긴다.
3. 짬뽕영역에서 건너온 면과 남은 짜장이 비벼지면? 먹는다.
4. 짬뽕을 마무리 한다.

은 단품으로 각각 시킨 것보다 맛이 덜할 것이라는 가정은 있다. (사실 그랬던 적이 더러 있었다.) 두 가지를 한꺼번에 내야 하면 과정이 간소화되는 경우가 많다. 한 가지 요리를 만드는 시간에 두 가지 요리를 내야 하니까. 짜장 소스와 짬뽕 국물도 미리 끓여놓은 걸 퍼주는 게 아닐까 싶었다. 하지만 그걸 감안하고 먹는다. 어쨌든 내게는 만족을 주는 '합리적'인 식사다. 짬짜면을 먹을 때는 짜장면을 먼저 먹고 짬뽕 국물이 밴 면을 건져서 남은 짜장 소스에 비벼 먹고 짬뽕 국물을 마신다. 이 칸 저 칸으로 면을 이사를 시키면서 나 혼자서 새로운 맛을 만들어보는 재미도 있다.

4
면식인생 — 메밀면

30대 초반, 일본 유학을 마치고 귀국을 하자, 마침 모교인 오사카의 츠지조리사전문학교와 후쿠오카에 있는 나카무라조리제과전문학교에서 거의 동시에 한국에 교육기관을 설립하고 두 군데서 모두 한국인 교직원을 채용했다. 나는 운 좋게 모교의 추천을 받아 츠지원이란 곳에 면접을 볼 수 있었지만, 고민 끝에 나카무라에서 만든 나카무라아카데미로 가기로 했다. 다른 학교의 커리큘럼을 접할 수 있는 기회라고 생각했다.

그렇게 나카무라아카데미 교직원이 되어 수강생으로 만나게 된 분이 소바 우동 전문점 미우야의 사장님이었다. 당시에는 창업하기 전에 수업을 들으러 오신 것이었다. 그때의 인연으로 그분한테서는 어려운 시기마다 도움을 받게 되었다. 교직원을 그만두고 반찬가게를 운영했을 때는 매일 김초밥과 메밀김밥 일정 수량을, 가끔은 재고 전부를 매입해주셨다. 내가 만든 음식들이 필요했다기보다 그렇게라도 나를 격려해주시려는 마음이었다. 반찬가게도 폐업한 후에 〈마스터셰프 코리아 2〉의 면접을 위해 음식을 준비해야 했을 때도 흔쾌히 새벽에 미우야의 주방을 열어주셨다. 그때 그곳에서 만들었던 오리고기 수비드가 나에겐 서바이벌 프로그램의 첫발을 떼게 해준 음식이었다.

사장님은 미우야에서 자가제면, 즉 직접 소바를 만들고 싶어하셨다. 소바 '전문점'을 내걸었다면 메밀면을 직접 뽑는 게 당연한 일로 보였다. 나를 많이 도와주신 사장님께 나도 도움이 되어드리고 싶었지만, 나는 일본 유학 생활을 하면서 소바를 배우고 현지 식당에서 먹어보긴 했어도, 소바에 별로 관심이 없었고 잘 알지도 못했다. 소바를 쓸 일이 있어도 좀 더 좋은 건면을 사다 쓰는 정도였다. 그래서 나보다는 잘할 수 있을 만한 친구를 소개해드렸는데 그 친구가 퇴사를 하는 바람에 결국 내가 직접 소바 만드는 일에 관여를 하게 되었다.

소바 공부를 하기 위해 정통 일본식으로 한다는 식당을 다 찾아다녔는데 처음에는 이렇게 뚝뚝 끊어지는 면의 식감에 흥미가 가지 않았다. 소바의 종류는 크게 두 가지다. 니하치소바 二八そば는 말 그대로 '니(2)' 대 '하치(8)', 즉 밀가루 2 대 메밀가루 8의 비율이다. 반면 주와리소바 十割そば는 100퍼센트 메

밀가루로 만든다. 메밀의 맛을 살리려면 밀가루가 줄어들거나 아예 안 들어가게 되는데, 그러면 면발의 찰기는 없어진다. 소바의 면을 뽑는 것은 기술이다. 다른 국수들처럼 반죽의 배합만 잘 맞춘다고 되는 일이 아니다. 소바 같은 메밀면은 잘 뭉쳐지지 않아서 그렇게 뭉치게 하는 게 기술이다. 그 기술에 호기심이 생겼다. 제대로 배워보고 싶었다.

그렇게 미우야와의 인연으로 메밀면을 열심히 공부했다. 소바를 메뉴로 고민하고 실현하는 일까지 두루두루 하면서 소바에 좀 더 애정이 생긴 것 같았다. 계속 먹다보니 어색했던 특유의 식감에도 익숙해지기 시작했다.

그때 만들었던 다마고토지소바玉子とじそば를 나는 지금도 최고의 소바로 꼽는다. 다마고토지소바는 따뜻한 국물에 계란을 풀어서 먹는 소바다. 미우야의 국물은 나의 손을 탄 맛이다. 사장님과 계속 상의하면서 국물 맛의 기준을 잡아갔다. 지금도 그때 그 방식대로 국물을 내는 걸로 알고 있는데 다마고토지소바도 그 국물로 만들었다. 다시마와 여러 가지 '부시(통생선을 가공해서 편으로 썬 것)'를 섞은 '혼합부시'로 육수를 끓인 후 얇은 가쓰오부시를 마지막에 넣어 맛과 향을 더한다. 그 국물을 고운 체에 부어 거른 다음 소금과 설탕, 국간장, 진간장 등을 넣고 가열해 완성하고 소바 면에 붓는다. 마지막으로 잘 풀어놓은 달걀

을 원을 그리듯 흘려넣으면 끝이다. 고명은 곱게 썬 쪽파면 충분하다.

이 다마고토지소바의 진가는 메밀 100퍼센트의 주와리소바로 만들었을 때 발휘된다. 실크 같은 달걀이 엉킨 거친 소바를 크게 한입 후루룩 넣으면 입안에서 서걱하고 부드러운 식감이 공존하는데, 전분질이 적은 면발 특유의 씹는 맛이 있다. 이것을 우걱우걱 씹다가 국물을 한 큰술 정도 후욱 하고 입안에 밀어넣는다. '아, 이거면 됐지' 하는 생각이 드는 맛이었다. 이 국물에 어울리지 않을 것 같으면서도 묘하게 입맛을 당기게 하는 면발이었다. 메밀면은 가열하면 끊어지는 성질이 크게 드러나는데, 뜨거운 음식에서도 메밀면이 줄 수 있는 느낌이 있구나, 메밀면의 이런 식감이 뜨거운 국물에 어울릴 수도 있구나 깨달았다. 공부의 대상이 아닌 메밀면 자체의 매력을 알았다고 할까. 그때부터 나는 메밀로 만든 면, 메밀가루에 매력을 느끼기 시작했다.

메밀면을 찾아다니다보니 나의 관심은 자연스럽게 평양냉면으로 옮겨갔다. 유명한 평양냉면집은 다 가본 것 같다. 메밀면 때문에 시작한 맛집 투어였는데 오묘한 육수 맛도 알게 되었다. 평양냉면 특유의 찬 고깃국물에서 나는 은은한 향이 좋았다. (고명으로 올린 나무껍질 같은 고기는 어딜 가나 좀 아쉽지만.) 이제는 어느 지역에 어느 맛집이 있고, 그 식당에서는 어떤 맛의 기준을 갖고 있는지, 그리고 사람들이 왜 맛있어하는지 알아차릴 수 있다.

평양냉면은 갓 뽑아 내왔을 때의 느낌도 신선하지만, 처음에 차게 식힌 면이 서서히 불으면서 달라지는 느낌도 재미있다. 그래서 식탁에 그릇이 올려졌을 때 행운의 전화 한 통이 와주면 더 좋다. 전화를 받으면서 면을 살짝 풀어놓는다. 5분 정도 통화를 하는 동안 면 향이 국물에 서서히 옮겨간다. 그때부터가 진짜다. 전화가 안 오면, 심지어 내가 전화 걸 데도 없으면, 그냥 전화 온 셈 치고 5분쯤 기다린다. 좀 심심하겠지만.

업무차 평택에 갔다가 그곳의 유명한 평양냉면집 앞을 일행과 함께 지나가는데 간판에 '3대 대물림'이라는 문구를 봤다. 그 순간 간판 옆에 말풍선이 떠오르는 듯했다. '컴온 요.' 그냥 지나칠 수 없어서 일행을 설득해 식당에 들어가 자리를 잡았다. 그 집 냉면은 간이 확실하게 돼 있는 쪽이었다. 이런 맛도 있구나 싶었다. 또 하나의 특징은 채 썬 풋고추를 상에 함께 내는 것이었다. 메밀과 고추의 상성이 좋아서 예전부터 이렇게 냈다고 사장님이 말해주었다. 뭔가 예상하지 못한 스토리가 있는 냉면이었다.

그런데 갑작스럽게 같이 냉면 한 그릇을 하게 된 일행은

냉면이 나오자 가위로 면을 숭덩숭덩 자르더니 젓가락을 드는 게 아니라 냉면 그릇을 한 손으로 잡고 들어올렸다. 그릇을 한 번 휘이 크게 돌리고 살짝 면이 풀어진 것을 확인하고는 입을 그릇에 대고 그대로 국물을 들이켜기 시작했다. 그릇 속 냉면도 입안에 흘러들어갔다. 이것은 무슨 필살기인가. 호흡을 위해 그릇의 각도를 높였다 낮췄다 하면서 면과 국물의 흡입량을 조절하는 모습에 눈을 뗄 수 없었다. 냉면 그릇으로 얼굴의 반 이상을 가린 채로 입으로는 쉴 새 없이 면을 씹어 삼킨 지 3분 정도 지났을까. 그릇을 내려놓자 텅 비어 있었다. "왕년엔 좀 더 빨리 먹었는데, 이젠 잘 안 되네" 하면서 너털웃음과 트림. 아, 나는 이때까지 한 번도 이 음식을 먹는 방법에 대해 고민을 해본 적이 없었구나.

일본음식이 익숙하니 메밀면은 생소한 식재료가 아니었지만, 메밀과 밀가루의 비율에 나름 고집과 편견을 가지고 있던 나에게 평양냉면은 새로운 영감을 주었다. 이제 요리를 하는 사람으로서 메밀면을 나의 아이템으로 삼으려면 소바보다는 육수와 어우러지는 냉면 스타일로 가는 게 맞겠다 싶었다.

궁극의 평양냉면을 찾아 한참을 돌아다니면서 메밀면으로 만든 음식은 다 먹어본 것 같다. 그러다 먹자마자 제야의 종소리처럼 큰 울림을 준 음식이 있었으니 그것은 고기리막국수였다. 지금처럼 전국적으로 알려지기 전에 주차장도 변변치 않았던 '장원막국수' 시절이었다. 결론부터 얘기하자면, 메밀면이 한국에서 사랑받으려면 이 정도를 표준으로 삼아야겠다는 생각이 들었다. 이러니까 줄을 서는구나, 납득이 됐다.

내가 앞으로, 아마도 말년에, 요리사로서 식당 주인으로서 해야 할 음식은 막국수라는 생각이 들었다. 나에게 평양냉면과 막국수의 메밀면은 크게 보면 같은 종류다. 그 안에서 아주 다양한 식감의 편차가 존재할 뿐이다. 그럼에도 내가 머릿속에 그리는 음식을 평양냉면이 아니라 막국수라고 부르기로 한 데는 큰 의미가 있지는 않다. 식당도 손님도 정통성을 따지는 평양냉면은 부담스러웠다. 막국수를 만드시는 분한테서 들은 말로는, 막국수의 '막'은 '마구잡이' '아무렇게나'의 의미가 아니라 '방금' '바로'의 의미였다. 그러니까 막국수는 방금, 바로 만든 국수인 것이다. '잘 만든 육수에 갓 뽑은 메밀면을 말아주는 음식'이 내게는 막국수였다.

40대가 돼서도 내 면식인생에 메밀면의 시즌이 계속되고 있다. 지칠 때, 우울할 때, 슬플 때, 가끔 이 세 가지 감정이 동시에 찾아올 때 나는 메밀면과 육수를 찾는다. 특히 은은한 육향이 담긴 슴슴한 육수를 들이켜면 내 감정도 슴슴해진다. 마음의 거친 물결이 다시 잔잔한 표면이 되는 것 같다. 내 인생 마지막 순간에도 평양냉면의 슴슴한 국물을 주욱 들이켰으면 좋겠다. 슴슴했던 인생을 사느라 고생한 나의 영혼에 슴슴한 위로를 해주고 싶다.

5

술

 맛있는 음식은 늘 술 한잔과 함께한다고 앞에 썼으니, 음식 얘기를 하면서 술 얘기를 빼놓을 수 없겠다.

 나한테 무슨 술을 좋아하냐고 묻는다면, 지금 먹은 음식과 어울리는 술이라고 답한다. 음식을 위한 술. 나에게 술은 그런 존재다. 나는 반주하는 걸 좋아한다. 음식과 같이 마실 때를 생각해보면, 술은 입안을 정리해주면서 다음 한입을 당기게 해주는 연결고리 같다. 그래서 향이 너무 화려하거나 단맛이 강한 술은 피하고 적당한 산미가 있는 술을 고른다.

 요리사인 나에게 또 많이 하는 질문이 어떤 음식과 어떤 술을 함께해야 하는지다. 페어링에 관한 질문인데, 다들 취향이 다르니 내가 고민 없이 바로 해줄 수 있는 조언은 상식적인 것들이다. 같이 먹는 요리에 사용되는 술을 고르면 좋다. 와인이 사용된 음식에는 와인을 함께 마시면 실패가 없다. 일본요리에는 청주를 많이 사용하니, 청주 계통의 술이 어울리기 마련이다. 중국음식에는 중국술이 들어간다. 한국의 소주는 '생활주'라서 웬만한 한식에 다 맞는다. 그런데 이렇게 생각하는 것도 저렴하고 어디서든 살 수 있어서 소주를 자꾸 마시다보니 내가 소주에 세뇌당해서인지도 모르겠다. 페어링이 너무 고민되면 음식과 같은 국적의 대표술을 고르는 게 가장 편한 방법이다. 특정 지역 음식의 특성을 받쳐주는 게 그 지역의 술이니까.

나는 일식 요리사라도 청주만 마시진 않는다. 중국음식을 먹을 때면 고량주도 마신다. 술을 고집하지는 않고, 내가 모르는 부분을 잘 아는 사람이 추천해주는 걸 거의 따르는 편이다. 추천 시스템이 잘돼 있는 곳은 굳이 공부를 하고 가지 않아도 새로운 경험을 할 수 있으니 제안을 잘 받아들인다. 음식의 흐름에 따라 알아서 술을 바꿔주는 것도 좋아한다. 나는 술에서만큼은 확실히 열려 있는 것 같다. 내가 식당을 할 때는 손님들한테 추천을 해드리진 못했다. 요리를 하느라 정신이 없기도 했고, 작은 가게라 손님들이 원하는 만큼 술 종류를 다양하게 갖추기도 어려웠다. 추천을 하면서 손님에게 부담을 주는 것 같았다. 그래서 일반적인 평가가 괜찮은 술을 들여놓는 것으로 대신했다. 현실적인 문제들에 타협한 셈이다.

늘 페어링을 고민할 만큼 미식 생활을 하는 것도 아니고,

술 추천을 해주는 곳에서만 먹는 것도 아니니, 내가 가장 많이 마시는 술은 아무래도 소주다. (빨간색 뚜껑.) 이런 가격에 거의 모든 한식을 아우르는 블랙홀 같은 술. 각자 다른 역에서 탔지만 내리는 곳은 모두 같은, 술의 종착점. 고백하자면, 나는 평생 소주와 살았다. 파스타도 탕수육도 장어덮밥도 소주와 먹었던 것 같다. 그런데 요즘엔 소주가 싱거워져서 혀에 느껴지는 경쾌한 맛이 예전만 못하다. 도수 1, 2도 차이에 너무 연연하지는 않지만, 그래도 한국 소주가 지닌 "크~~"의 느낌은 있어야 한다고 생각한다. (소리를 내면 알게 모르게 스트레스 해소도 되는 것 같다.) 술이 16도쯤 되면 그건 청주의 영역이다.

이제는 친구들도 하나둘 사라지고, 쉬는 날 혼자 마시는 시간이 많다. 집에서는 아이가 엄마와 외출했거나 잘 때 마신다. 아빠로서 가면을 쓰는 것 같지만, 아이는 아빠가 술을 마신다는 걸 알고 있겠지. 식당에 가서 혼자 밥을 먹는 날이면 나는 우선 맥주부터 한 병 시킨다. 식사 전에 양껏 꿀꺽꿀꺽 마실 때 탄산의 청량감이 좋다. '이 한 잔을 위해 오늘도 고생했다'라는 문구가 적힌 포스터가 떠오른다. 그렇게 맥주로 몸에 신호를 주는 것이다. '자, 이제 시작이다.' 너무 많이 마셔서 밥을 먹기도 전에 배가 부르는 정도가 아니라면, 맥주는 어떤 음식과도 크게 부딪히는 부분이 없는 편이다. (컵의 비린내와 부딪히는 경우는 있는데 그건 맥주 탓이 아니다.) 나는 목 넘김의 느낌이 확실한 걸 좋아해서 라거를 마신다. 크루시, 카스, 아사히 수퍼드라이. 몇 모금 마시면 식도가 국민체조를 하면서 본격적으로 확장되는 것 같다.

그러고 나서는 보통 소주를 마신다. (맥주와 섞어 마시진 않고 따로 마신다.) 그 식당에 있는 새로운 술, 안 마셔본 술을 경험하는 것도 좋아하지만 결국은 소주였다. 식탁에 밑반찬이 깔리면 나는 혼자 탐색에 빠져든다. 식탁 위 반찬 접시들이 지도 속 섬처럼 보인다. 이 무생채는 칼로 썬 것 같네. 이건 수입 김치구나. 소주로 입안을 헹궈가면서 머릿속으로 평론을 하기에 바쁘다. 주로 탕 종류인 메인 음식이 나오기 전에 병의 3분의 1 정도를 마시는데, 밑반찬에 계란말이나 두부조림이 나왔다면 반 병

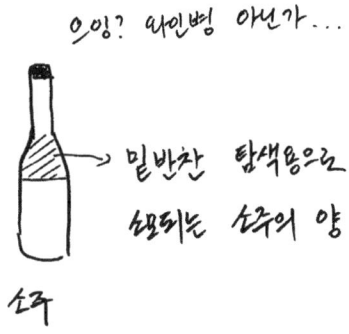

은 비우게 된다. 그래도 반주로 한 병을 넘지는 않는다. 정작 음식이 나왔을 때 아껴 마시는 한이 있어도. 누가 주량을 물어봐도 "소주 한 병을 재밌게 먹습니다"라고 한다. 밥이랑 먹을 때 밥알이 소주 안에서 돌아다니는 느낌이 재미있을 뿐이다.

반주를 좋아하지만, 음식 없이 술만으로도 충만해지는 경험을 해봤다. 향을 마시는 술이 특히 그런 것 같다. 한 잔 딱 마시니 여기에 음식을 보태고 싶지 않다는 마음이 들었다. 10여 년 전의 일이다. 지인이 좋은 술을 딴다고 해서 초밥집에 같이 가서 마시는데 음식과 술이 함께해야 한다는 원칙이 깨진 시간이었다. 그게 일본에서도 구하기 쉽지 않다는 사케, 지콘而今 준마이다이긴조였던 걸로 기억한다. 그때 처음 본 이름이었다. 사실 그렇게 비싼 술을 마실 기회는 많지 않다. 내가 그동안 가장 많이 마신 청주는 백화수복이다. 예전에 1.8리터짜리 큰 병을 가게에 두었던 적이 있다. 마감 청소 전에 딱 한 잔을 벌컥 마시고, 열을 내서 청소를 한 후 탈진해서 집에 돌아갔다.

항상 술을 마시면서도, 언젠가 어디선가 봤던 강렬한 문구를 마음에 두고 있다. 악마는 자기가 못 올 때 대신 술을 보낸다. 음식을 먹을 때 술은 절대로 과해지면 안 된다. 음식에 대한 좋은 추억도 깡그리 사라지기 때문이다.

식당에 가면 음식이 100퍼센트 완성된 것처럼 나오지만,

애주가에게는 음식에 잘 어울리는 술 한잔이 음식의 만족감을 110, 120퍼센트로 높여줄 수 있다고 생각한다. 술은 그 자체로 내가 좋아하는 음식이기도 하다. 나이가 들면서 술을 줄여야겠다는 생각은 한다. 하지만 이 즐거움에 선을 긋고 싶지는 않다. 나중에 술을 끊어야 할 때가 되면 내 몸이 알아서 나에게 요구를 하겠지.

이렇게 술 얘기만 잔뜩 하고 나니 이게 책 내용이 될지 모르겠지만, 술이 나에게 그런 존재이듯 나도 그냥 이런 존재인 것 같다.

6
평범한 날 특별한 음식

평범한 어느 날을 특별한 기억으로 만들어준 음식들이 있다. 그중 가장 오래된 것은 여덟아홉 살 때 먹은 '털보네 아저씨 돈가스'다. 어머니가 외출하실 때마다 우리 형제에게 특식으로 시켜주신 음식이다. 직접 배달을 오시는 사장님이 진짜 털보였다. 우리는 그 가게에 '달아놓고' 먹는 집이었다. 이른바 월결제를 한 것이다. 동네 돈가스집이었는데 내 인생의 첫 경양식이었다. 매번 먹었던 것은, 정확한 이름은 기억이 안 나지만, 함박스테이크, 생선가스, 돈가스 한 조각씩, 마카로니와 샐러드, 밥으로 구성된 '모둠' 요리였다. 얼마나 많이 먹었는지 모른다. 맨날 먹어도 좋았으니까. 털보 아저씨는 우리의 취향을 알고 마카로니를 좀 더 준다거나 밥을 두 덩이 준다거나 해주셨다. 지금은 그 요리의 구체적인 맛보다 그 순간의 분위기가 생각난다. 나에게는 특별한 음식으로 각인이 된 것이다.

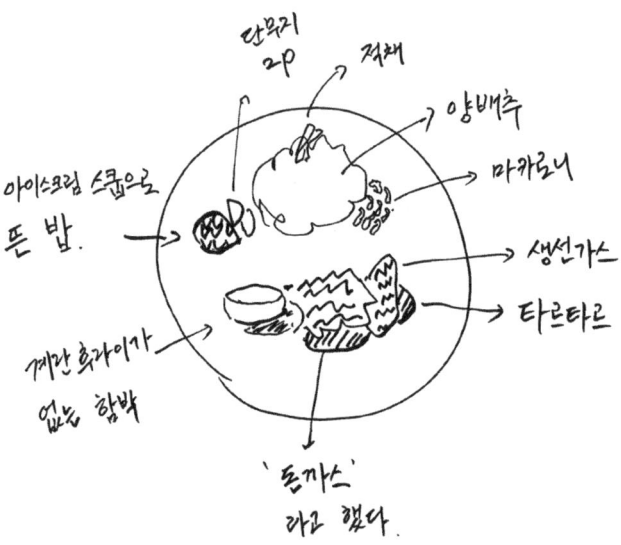

요즘 이런 조합의 '모둠 정식'을 파는 경양식집이 종종 있다. 옛 기억으로 찾아가서 먹어보면 개성 있는 맛은 아니지만, 예전 털보네 아저씨 돈가스 맛도 이 언저리였지 하는 생각이 든다. 지금이야 여러 음식을 먹어보고 맛을 경험했으니 이 정도의 감상이라면 그때 털보 아저씨의 음식은 어린 나에게 얼마나 맛있었을까 싶기도 하다. 그 시절 돈가스가 내 경양식의 기준이 된 셈이다. 털보 아저씨는 언제까지 돈가스를 하셨을까? 얼마 전에 가보니 개발이 되어 동네가 완전히 바뀌었던데.

지금보다 경험이 적던 시절, 세상은 넓고 먹을 것은 많음을 깨달으며 편견이 깨지는 순간이 있었다. 일본에서 수프함바그를 먹었을 때가 그랬다. 일본 식당 중에는 '우리 집 명물요리'를 문에 붙여놓은 곳들이 꽤 있다. 유학 시절, 2층에 올라가다 천장에 머리를 찧을 것만 같은, 작고 비좁고 붐비는 식당이 집 근처에 있었는데, 그 집의 명물요리는 수프함바그였다. 얼마나 자신 있길래 명물요리라고 한 걸까? 바삭한 고기를 수프에 담가놓다니. 호기심이 생겨서 들어가 주문을 했다. 수프가 찰랑찰랑하게 담긴 그릇 한가운데에 햄버그가 잠겨 있었다. 브로콜리와 당근 같은 알록달록한 채소들과 함께. 숟가락으로 고기와 수프를 떠먹었는데, 구운 고기의 향이 수프에 배어들어 있었고 수프에 적셔진 고기는 더욱 부드러웠다. '아 나도 해봐야지' 말이 바로 나왔다. 정말 맛있었다. 식당 네오에서 실제로 한번 해봤는데 코스 요리 중간에 내는 거라 작게 만들려니 잘 안 됐다. 그러다보니 크기가 커졌는데 손님의 첫 반응은 '배부르다'였다. 바로 구워드리고 싶어 몇 번 해보다가 포기했지만 언젠가 다시 도전해보고 싶은 마음이 있다.

너무 맛있어서 충격받은 음식으로는 간받이도 있다. 간을 받치고 있어서 그런 이름이 붙었다고 하는데, 육향이 강한 토시살이다. 30대 초반 간받이를 처음 먹고서, 고기가 이렇게 맛있을 일인가, 내가 지금까지 먹었던 소고기는 뭘까 싶었다. (물론 부위에 따른 특징이 있겠지만.) 당시에는 내 돈으로 못 사먹을 가격이었는데, 그래서 더 기억에 남았으려나. 간받이는 숯불에 치익 소리 나게 재빠르게 구워 소금을 찍어먹는다. 날고기에서 익힌 고기로 넘어가는 단계다. 날것의 느낌은 사라져 있는데 육사시미를 씹는 맛에 구운 고기만의 구수한 향도 있다. 게다가 입안에서 육즙이 소용돌이친다. 이런 고기야말로 한 점씩 구워먹는 거구나 깨달았다.

어렸을 때, 이렇게 먹는다고? 이렇게 만든다고? 놀랐던 기억도 난다. 보리굴비를 잘한다는 집에 갔는데, 시원한 녹차에 밥을 말아 한 숟가락 뜨고 그 위에 보리굴비를 얹어서 먹는 거였다. 녹차라는 개념이 넓어지지 않은 상태였으니 잘 구워진 보리굴비 맛보다 밥을 녹차에 말아먹는다는 사실이 신기했다. 부산 거대곰탕은 사골 곰탕집인데 부산에 갔을 때 뽀얀 국물의 한우곰탕을 맛있게 먹었다. 우윳빛깔처럼 뽀얀 국물 색을 보고 어떻게 하면 이런 색이 나올까 놀라면서도 궁금했다.

7
특별한 날 평범한 음식

오히려 특별한 날에는 찾아 먹는 음식이 따로 없다. 그러고 보면 나는 정말 재미없는 사람이다. 일본 여행을 가면 스시는 꼭 먹는데, 배우기 위해 또는 호기심에 일부러 유명한 집을 찾아가는 게 아니라면 혼자서 마음 편하게 회전초밥집에 가는 편이다. 전직 회전초밥집 사장으로서 업계 점검 차원일 수도 있겠다.

가게에 들어서면 설레는 마음으로 생맥주를 먼저 시켜 벌컥벌컥 반 정도 들이켠 다음, 돌아가는 레일 위 접시들을 물끄러미 쳐다본다. 회전초밥집에도 봄 여름 가을 겨울이 있다. 여름 갯장어, 가을 꽁치, 겨울 복과 대구 이리 같은 계절 추천 메뉴를 먼저 집는다. (주로 바닷물이 차가워지는 가을 겨울에 진미들이 있다.) '본점의 자랑' 점보새우 같은 접시도 빼놓지 않는다. 그러곤 다시 전열을 가다듬고 간만에 주머니 사정 생각하지 않고 골라먹기 시작한다. 회전초밥집에서는 내가 원하는 타이밍에 원하는 접시를 고르는 재미가 있다. 가끔은 내 앞에서 스시를 쥐어주는 게 부담스러울 때가 있는데, 그분들의 노동이 잘 보여서인 것 같다. 적당히 무심한 서비스가 편한 날이 있다.

여행을 마치고 돌아온 날에는 감자탕을 먹는 것 정도가 습관이다. 왜 꼭 감자탕인지는 모르겠다. 아마 일본 여행을 다녀왔을 때 칼칼한 게 당겨서였을 것이다. 뼈에 붙은 고기를 뜯어 먹으면 여운을 정리하는 느낌이다. 물론 소주 한잔 함께하면서 여독을 달랜다. 직장생활을 할 때는 이 감자탕을 주로 점심때 먹었는데, 이날 뚝배기에 담겨나오는 돼지뼈에 붙은 고기의 질과 양은 식사 후의 기분을 좌지우지할 정도로 중요한 요소였다.

나는 내 생일 때도 꼭 먹는 음식이 없다. 뭐라도 특별한 음식을 먹어야겠다는 생각을 해본 적도 없는 것 같다. 평소와 다르게 그냥 끌리는 음식을 먹는다. 특별한 날이 아니더라도 주기적으로 내 몸 어딘가에서 '참치 먹을 시간이다!' 하고 내 신경을 톡톡 칠 때가 있다. 싸지 않으니 자주 먹지는 않지만, 참치회는 가끔씩이라도 먹어줘야 한다. 부위에 따라 기름진 정도가 달라 맛도 다양하고, 서걱서걱하는 냉동참치만의 식감도 재미있다.

나는 '아카미赤身'라고 하는 등쪽 붉은 살을 좋아한다. 내가 생각하는 참치의 맛이다. 기름기가 덜하고 산미가 있는데 참치의 개성이 잘 드러나는 부위다. 붉은 살을 먼저 먹고 나서 이

붉은 살의 특성과 배 쪽 기름진 살의 특성이 합쳐진 주토로中卜ロ를 먹는다. 뱃살은 잘 안 먹게 된다. 함께 나오는 콘버터, 은행구이, 새송이버섯구이 같은 쓰키다시도 빼놓을 수 없다. 자동으로 차려지는 한 상이 더 좋은 건지도 모르겠다. 우리나라 횟집만의 문화 같은데, 회만 먹기에는 물릴 수 있으니 젓가락을 이쪽 저쪽 옮겨가며 다른 요소들을 먹는다는 게 즐겁다.

나는 유학 시절에 김치를 한 번도 안 먹었을 만큼 음식에 대한 향수가 깊지 않다. 굳이 여기까지 왔는데 여기 음식을 하나라도 더 먹어봐야 하지 않을까 하고 새로운 정보를 채워넣기 바빴다. 그런 나에게도 그리운 음식, 아주 평범하면서도 기억에 깊게 남는 음식이 하나 있다. 어렸을 때 충남의 시골집에 가면 친할머니가 만들어주신 김치지짐이다. 1년에 두 번, 명절 때 시골집에 가면 늘 있었다. 뚝배기('투가리'라고 불렀다)에다 배추김치나 열무김치를 입안에서 녹을 만큼 부들부들하게 지진 반찬이다. 찌개보다 국물이 더 바특했고, 음식에는 이상한 비유지만 '늪 색'이었다. 무엇보다 강렬했던 건 그 쿰쿰한 향이다. 서울에서 자식들이 온다고 고기 반찬에 생선구이도 해주셨는데 이 뚝배기만 등장하면 그 향이 밥상 위를 덮어버렸다. 음식에서 나는 향이 아닌 것도 같고, 누군가에게는 지독한 냄새일 수도 있었다. '이렇게 냄새 나는 걸 왜 먹어?' 하면서 먹고 있던 어린 내가 떠오른다. 할머니와의 추억은 별로 없지만, 우리 형제들도 다 기억을 하는 김치지짐의 독특한 향과 맛을 생각하면 왠지 아련해진다.

할머니의 김치지짐에 정확히 뭐가 들어갔는지 아무도 모른다. 어릴 때부터 그 음식을 드셨을 아버지한테 한번 물어본 적이 있는데, "그건 할머니밖에 못 혀!" 하시고 말았다. 결국 할머니가 담근 김치와 함께 넣은 재료들이 아니면 완성이 안 되는 음식이다. 이제 할머니는 돌아가시고, 아버지는 할아버지가 되고, 나는 아버지가 되었다.

8
가족과의 외식

아내와 아이와는 고깃집에 자주 간다. 아내가 구워먹는 고기를 좋아한다. 고기를 너무 구워서만 먹으면 좋지 않을 테니 삶아서도 조려서도 먹어야 한다고 내가 가끔 잔소리를 한다. 그런데 한창 잘 먹어야 할 아이도 구운 고기를 좋아하니 요즘에는 군소리 없이 따라나선다. 주로 돼지고기 목살, 삼겹살을 먹게 되지만, 나는 갈매기살을 좋아한다. 육질의 성질이 다른데, 나는 질깃질깃한 것 말고 쫄깃쫄깃한 걸 선호한다. 그런데 갈매기살은 손질이 귀찮아서 파는 곳이 많이 없다.

사실 나는 수육처럼 삶은 고기를 좋아하기도 하지만, 식당에 가서 고기를 굽는 걸 안 좋아한다. 손님으로 식당 음식을 먹으러 간 건데, 음식 만드는 일에 동참하고 싶진 않다. 그리고 내가 고기를 구우면 그건 식당의 맛이라고 할 수 없지 않나? 고기를 구워주시는 분이 있더라도 만족스럽지 않을 때가 있다. 한번은, 고기가 안 익은 것 같은데 구워주시는 분은 계속 "괜찮아, 먹어도 돼" 하면서 고기를 계속 앞접시에 놓아주었다. 그렇게 대충 얼렁뚱땅 넘어가는 것도 싫었다. 그래서 예전에 회식할 때도 고기를 굽는 곳은 가지 않았다. 고기 굽기 담당이 되는 사람은 그 자리에 있어도 온전히 함께할 수 없기 때문이다. 젊었을 때 친구들은 초밥이라는 요리를 배우던 내가 고기도 잘 구울 거라 생각하고 늘 나에게 집게를 맡기곤 했다. 고기 굽기가 아예 일의 연장선상이 되는 경우도 많다. 내가 굽는 고기를 관찰하며 굽는 시간, 불판의 종류, 고기의 질에 관한 데이터가 쌓이기도 한다. 돼지고기를 굽는 스킬은 집게를 받은 횟수에 비례한다고 믿는다. 가족들과 고깃집에 가서 집게를 잡고 있으면 이런 기억들이 다 떠오른다. 옛 생각에 잠겨 있으면 내 옆으로 가위가 쓱 들어온다. 잘라야 할 순간이다.

그간 나만의 여러 데이터를 종합해보니 일상적인 식사를 하러 가는 식당은 집 근처에 늘 가던 곳이 낫다는 판단이 들었다. 단골집이 아무래도 편하다. 요즘은 알아보시는 분들이 생겨서 좀 꺼려질 때도 있다. 나는 그전부터 가던 손님이었는데 방송에서 나를 알아보고는 새로운 사람처럼 취급하는 게 불편해서다. 내가 요리사라는 걸 알고 반찬 하나 내놓는 것부터 긴장하는 분도 있고, 더 적극적으로 맛이 어떤지 물어보는 분도 있다. 덤덤하게 눈빛 인사 정도 하는 곳이 남아 있으면 좋겠다. 좀 멀리 가는 날이면 내 취향대로 슬쩍 이끈다. 새내역 새마을시장의 나주왕대포 횟집에서 회를 먹고, 가락동 원조포차에서 생선구이를 먹는다. 술안주로도 좋지만 가족과 식사로도 좋은 음식을 내는 곳들이다.

나는 가족과 뷔페에 가는 것도 좋았다. 비싸서 자주 가지는 못했지만. 막 도착을 하면 기대감도 있으니 발걸음이 바빠진다. 초반 러시는 어쩔 수 없지만, 중간쯤 식사가 무르익었을 때면 적당히 배도 부르고 해서 앉아 있는 시간이 길어지면서 서로 얘기를 나눌 수 있었다. 아이는 아이대로, 엄마는 엄마대로 먹고 싶은 걸 충분히 먹을 수 있어서 좋고, 나는 다품종을 맛볼 수 있는 뷔페 시스템을 경험하는 걸 즐긴다. 그래서 나는 차려진 음식을 한 조각이라도 조금씩 다 먹어보려고 한다.

아이가 서너 살 때 오징어 전문 식당에 갔던 기억이 난다. 기본으로 주던 다리튀김을 먹어보더니 다음에 갔을 때 자기가 먹었던 오징어튀김을 시켜달라고 했다. 아이도 이제 자기 의견을 곧잘 얘기한다. 족발도 먹고 쌈도 싸먹을 줄 안다. 김치와도 비벼먹고 쌈장도 잘 먹는다. 보고만 있어도 신기하고 재미있다. 내가 식당을 할 때는 아이에게 아빠와 함께 밥을 먹는 날은 특별한 날이었다. 아빠가 특식인 셈이었다. 나는 밥을 먹으면서 아이에게 "오늘 급식은 어땠어?" 하고 많이 물어본다. ("급식으로 마라탕이 나온다고?") 내가 요리사라 그런지 아이가 뭘 먹었는지, 잘 먹고 다니는지 그런 게 궁금하다. 아이도 나와 함께 먹었던 장면을 기억할 텐데, 아이에게 추억의 음식은 무엇이 될까?

9
혼자 먹는다는 것

최근에 친구들과 모여 밥을 먹은 게 10여 년 전인 것 같다. 30대까진 자주 만나던 친구들이었다. 한 동네에 모여 살아서 모임이 자주 있었고, 그래서 아이가 있는 친구도 가끔 나오고 그랬다. 다 결혼을 하니 1년에 한두 번 아이들을 데리고 놀러 가는 자리가 생겼는데, 거기에 가서 나는 또 고기를 구웠다. 그런 모임도 코로나19 때 완전히 소멸됐다. 지금은 뿔뿔이 흩어져 각자 같은 아파트에 사는 학부모들과 모임이 생긴 듯했다.

어렸을 때부터 아버지가 친구에 대해 해주신 말씀이 있었다. 어릴 때는 수시로 모이고 놀면서 지내다가 어느 때가 되면 다 사라지더라. 아버지도 그런 시기를 겪고 있었던 걸까? 다른 어르신도 한말씀을 해주셨다. 친구와의 관계는 초반, 중반, 후반이 있는데, 후반기가 되면 다시 다들 모이게 된다는 것이었다. 아마 지금은 나와 친구들이 중반기를 살아가고 있는 거겠지. 식당에 가면 머리가 희끗하거나 벗겨진 노년의 남자들이 서로 친근하게 욕을 해가며 즐겁게 식사하는 모습을 볼 때가 있다. 나의 후반기도 저럴 수 있을까? 언젠가 퇴직 무렵의 친구들이 배낭에 물통을 꽂고, 오이 당근을 싸놓고, 산에 가자고 연락을 해올 때를 기다린다. 그때의 나는 예전처럼 소주 한잔할 체력은 있었으면 좋겠다.

이제는 밥이고 술이고 혼자 먹는 게 자연스러워졌다. 전에는 혼자 먹는 걸 못 견뎌하는 사람이 많았고 그들을 보는 시선도 곱지 않았다. 요즘엔 많이 달라졌다. 카운터 자리도 많아지고 핸드폰 거치대가 아예 설치돼 있는 곳도 많다. 나는 혼자 먹는 걸 찾아서 즐긴다기보다 혼자 먹을 일이 있으면 굳이 같이 먹을 사람을 부르지 않고, 혼자 먹을 기회를 잘 활용하는 편이다. 내 시간을 쓰고 싶은 마음도 큰 것 같다.

혼밥의 장점은 의외로 많다. 누군가와 취향의 합의를 볼 필요가 없고 나만 결정하면 되니 번거로움이 없다. 아무리 친한 사람이라도 같이 먹을 때는 최소한의 예의를 지켜야 하는데 혼자서는 그렇게 신경을 안 써도 된다. (뭘 좀 흘려도 창피하지 않다.) 다만 양이 좀 걱정이다. 1인분 주문을 아예 안 받는 식당도 메뉴도 여전히 많다. 자주 가던 감자탕집의 저녁 메뉴에는 1인분 뚝배기가 없어서 그냥 혼자 소짜(3, 4인분)를 시켜먹은 적도 있다. 예전에는 고기를 많이 먹을 수 있으니 오히려 좋았는데, 요즘엔 내가 먹는 양이 많이 줄어서 남겨야 하는 게 아깝다.

점심에 혼자 먹을 상황이 되면 머릿속에서 가보고 싶었던 곳들의 리스트를 빨리 검토한다. 그러고는 작정하고 멀리 갈 때도 있다. 주로 유명 면요릿집이다. 지금은 가족이 있으니 식당 영업을 하는 날이 아니면 저녁을 혼자 먹을 일이 많지 않지만, 어쩌다 아내가 아이를 데리고 친정에 갔을 때면 저녁에는 조촐하게 술 한잔하는 편이다. 최근에는 편의점에서 이것저것 사와서 먹은 적이 많다. 편의점 동향을 살피고 싶은 마음도 있어서다. 편육도 사고, 샌드위치도 사고, 그것들을 주로 소주와 먹는다.

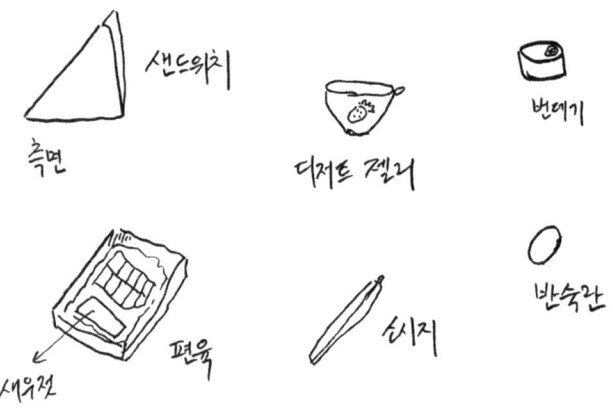

밖에 나갈 여력이 있으면 내가 좋아하는 삶은 고기나 회를 먹으러 가기도 한다. 좀 멀리 갈 수 있으면 을지로 황소집에 가서 도가니탕에 직접 삶아주는 소면을 먹고 싶다. 반주로는 딱 소주 한 병이지만, 주머니가 좀 두둑해진 날은 만 원이라도 더 비싼 복분자주나 청주를 맛보기도 한다. 큰맘 먹고 참치집에 혼자 간 적이 있는데 주인이 말을 많이 걸어서 다시 찾지는 않았다. 나는 대화가 하고 싶은 게 아니라 참치회가 먹고 싶었던 건데.

나는 혼자 먹을 때는 그냥 '멍 때린다'. 그렇게 생각을 한 번씩 지우는 게 좋다. 요즘엔 멍하니 있어도 핸드폰을 보는 척하는 게 자연스러운 것 같다. 그래도 음식이 나오면 핸드폰을 끈다. 내가 식당을 했을 때 음식이 나왔는데 손님이 핸드폰에서 눈을 못 떼면 안타까워서 가서 말해주고 싶었다. 이건 뜨끈할 때 드셔야 해요. 물론 실제로 그런 얘기를 한 적은 없다. 다만 이 가게 주인도 그런 마음일까 싶어 음식에 집중해서 먹는 모습을 보여주려고 한다.

혼밥, 혼술을 하는 사람들에게 추천하고 싶은 메뉴가 있다면 '고독'이다. 혼자서 무언가를 먹는다는 게 두려운 사람에게도 고독을 추천한다. 고독을 받아들이고 오히려 인식하는 것이다. 자기 상황에 고독을 부여하면, 내 인생의 명대사가 나올 수 있다. 온전한 고독 속에서 이런저런 생각을 하다보면, 지친 나를 위로할 수도 있고, 새로운 동기부여도 될 수 있을 것이다. 나처럼 비관적인 사람들은 그러기 쉽지 않고, 다른 생각들이 머릿속에 차오를 수 있겠지만, 그건 굳이 얘기 안 하겠다.

10
맛이라는 기억

우연히 황교익 칼럼니스트의 말을 들은 적이 있다. 우리가 맛있다고 하는 것은 익숙한 것에서 새로운 것이 느껴질 때라고 한다. 나는 무척 공감을 했다. 음식에 익숙함이 없다면 새롭기만 한 괴식이 될 수도 있을 것이다. 내가 느끼는 새로운 맛도 내 안의 익숙한 맛에서 발견될 때 우리는 맛있음을 알아차리는 것 같다.

내가 조금 다르게 표현하자면, 맛이란 것도 머릿속 기억 저장소에서 내보내는 반응이 아닐까 싶다. 사랑이나 분노 같은 감정만 기억에 남는 것이 아니라 맛도 기억의 일부라고 생각한다. 경험해보지 않은 맛은 얘기하기 어렵다. 새로운 음식을 먹었을 때 기억은 예전에 경험했던 어떤 맛을 상기시킨다. 처음 혀에서 느껴지는 맛이 머릿속에서 때론 쌀국수, 때론 냉면의 좋은 기억을 떠올리게 하는 것이다. 그러면서 쌀국수와 비슷하게 맛있는데 조금 쌉쌀하네, 내가 좋아하는 냉면 맛 같은데 뜨끈하네, 하면서 처음 먹어본 그 음식의 맛있음을 인정하는 것 같다.

그러면서 우리의 기억은 업데이트된다. 비슷하지만 조금 다른, 새롭게 '맛있는 맛' 하나가 추가되면서 머릿속 맛의 레퍼토리가 마치 12색 색연필이 48색, 72색으로 늘어나는 것처럼 풍부해지고 섬세해진다. 우리 아이가 아기였을 때 낯선 음식을 입에 넣는 걸 두려워했다. 아이는 기억 속에 내장된 몇 가지 맛들로만 삶을 시작했다가, 여러 맛을 차근차근 경험하면서 비어 있는 기억을 조금씩 채워간다. 맛에 대한 좋은 기억이 많아지도록 내가 도움이 되면 좋겠다.

나는 살아오면서 맛의 모험을 통해 많은 경험을 쌓아왔다. 그 경험이 요리사라는 직업을 영위하는 데 실용적인 도움이 되었지만, 맛에 대한 좋은 기억은 나의 삶에도 좋은 영향을 미쳤다. 내가 느끼는 맛의 스펙트럼이 넓어진 만큼 내 삶의 낙도 늘어난 것이다. 나는 일상적으로 밥을 먹을 때도, 누군가와 식사 약속을 잡을 때도 작게나마 모험을 시도해보려고 한다. 내가 음식을 확실하게 선택해야 할 때는 기억을 들춰내서 전에 가본 맛집을 다시 가보는 편이고, 누가 밥을 산다고 하면 "그럼 여기 한번 가볼까?" 새로운 식당을 제안하기도 한다. 아마 앞으로도 계속 그럴 것이다.

그러면 어떻게 먹어야 되도록 맛있게 먹는 걸까? 나는 식당에서 손님들에게 음식을 내면서 이 음식은 어떻게 먹으면 좋은지 제안을 하지만, 그건 새로운 음식에 경계심을 갖지 않게 하기 위해 재료를 나열하고, 설계한 의도를 얘기하는 것이다. 그 설명은 맛있게 먹었던 내 경험에 기반한 것이고, 최종 선택은 손님의 몫이다. 그런데 맛에 대한 기억은 묘사하기도 어려워서, 결국엔 자기가 직접 먹어봐야 맛의 실체를 알 수 있다. 그렇게 경험을 쌓아가면서, 음식을 먹을 때 좋았던 기억을 잘 끄집어내는 것이 맛있게 먹는 방법이라고 생각한다. 앞에서 말했듯 평양냉면을 먹을 때 한 손에 들고 마시는 것이 누군가에게는 맛을 즐기는 최적의 방법이라면, 그걸 본 나는 이 책의 독자들에게 그 방법을 소개하고, 그 방법을 알게 된 독자들 중 누군가는 그 방법을 따라해보고 판단할 것이다.

어쩌면 사는 것도 마찬가지인 듯하다. 새로운 경험을 할 때마다 비슷하게 좋았던 기억을 재빨리 꺼내보고 맞춰보며 견디는 것. 나는 맛의 모험을 할 때는 적극적으로 맛의 스펙트럼을 넓히면서 맛있는 기억을 늘려갔지만, 삶에서는 잘하지 못했다. 그래도 아직 시간이 많이 있으니 아직까지 내가 경험하지 못한 최상의 맛이 나를 기다리고 있을 거라고 생각한다. 내 입 안에서든 내 삶에서든 말이다.

요리를 한다는 것

1
조림

조림요정부터 조림사, 연쇄조림마를 거쳐 조림핑까지, 내 이름에는 늘 조림이 따라다닌다. 어디선가 조림을 시연하면 "또 조려요?" 하고, 다른 조리법을 선택하면 "안 조려요?" 한다.

사실 조림은 내가 자주 하는 요리가 아니었다. 일식에서는 날카로운 칼을 활용한 차가운 요리들이 많다. 생선회가 그렇다. 깨끗하게 잘라내는 작업이 주가 된다. 나도 자르고 처리하고 담아내는, 일식의 특징이 뚜렷한 요리들에 관심이 많았다. 반면에 뜨거운 요리에 대해서는 많이 고민하지 않았고, 조림 요리에도 다양한 레퍼토리를 갖추지 못했다. 그런데도 어딜 가나 조림 얘기를 듣다보니 늘 조림을 의식했던 것 같다.

좀 더 솔직히 말하자면, 할 줄 아는 조림 요리가 많지 않다는 게 창피해서 더 공부를 한 것이다. 언제까지 '조림 말고 다른 것도 있어요' 할 수도 없고, '나는 사실 잘 못해요' 할 수도 없으니 조림 실력을 늘려놓는 게 좋겠다 싶었다. 나에게 조림 얘기를 하는 사람들의 기대에 부응하려는 마음도 있었다. 처음부터 조림을 좋아한 건 아니었지만, 주위의 시선을 의식하고 나서 더 찾아보게 되고, 다른 걸 해도 되는데 조림을 선택하게 되고, 그러다 조림의 끝은 어디일까, 조리고 조리고 또 조리다보니 이제는 조림에 대한 이해도가 조금은 깊어진 것이다. 본의 아니게 조림이 운명 지어진 조림인간 최강록.

조림에 대한 이미지는 〈마스터셰프 코리아 2〉부터 시작됐다. "또 조려요?"는 당시 심사위원이던 강레오 셰프의 말이었다. 조림 요리를 거의 연속으로 하기도 했고, 그 요리가 워낙 화제가 되기도 했다. 하지만 돌이켜보면, 그때도 조림은 나의 필살기도 핵심 아이디어도 아니었다.

닭날개고추장조림(바질을 곁들인)은 탈락 미션인 '고추장 요리'를 주제로 만든 것이었다. 나는 매운 요리를 잘 먹지도 잘 하지도 않아서 그 미션이 당황스러웠다. 게다가 개성이 강한 고추장은 다른 재료를 다 덮어버리는 특성이 있어서 써본 적이 몇 번 없었다. '탈락'이라는 공포스럽고 극단적인 상황에서 너무나 운 좋게도 예전에 일본에서 먹었던, 이름도 기억 안 나는 뻘건 닭고기가 희미하게 떠올랐다. 두반장으로 매콤한 맛을 낸 일본식 중식요리인 닭날개조림이었다. 이때는 조림보다 매콤함에 집중한 결과였다. 매운 요리를 너무 많이 알고 있었다면 오히려 헷갈렸을 것 같은데, 오히려 몇 개 없는 기억 때문에 빨리 선택할 수 있었다.

항정살조림은 시골에서 돼지농장을 하셨던 큰아버지가 아이디어를 주신 것이나 다름없었다. 큰아버지를 따라 그 동네의 고깃집을 간 적이 있었다. 식당에 가면 으레 삼겹살을 구워 먹던 시절이었는데, "한 마리에 요만큼밖에 안 나오는 거여." 하며 큰아버지가 사주신 게 당시 '스카프살'이라 부르던 가브리살, 항정살이었다. 그때 먹은, 삼겹살과 다른 고기의 맛과 식감이 기억났다. 그걸 되살리면 되겠다 싶었다. 큰아버지가 사주신 것도 스카프살구이였지만, 서바이벌 프로그램에서 고기를 굽는 것으로 끝낼 수는 없었다. 뭔가 조리를 더 해야 했다. 돼지고기는 조려서 간과 향을 더하면 맛있어진다는 걸 알고 있었다. 식감부터 야들야들해진다. '조려야겠다!' 생각했다. 조림은 경연용 요리를 하기 위한 선택이었다.

어떻게 보면, 방송에서 조림 이미지를 얻은 덕에 조림이라는 흥미로운 세계를 본격적으로 탐구해보게 된 것 같다. 조림이란 요리를 정의하자면, 간이 들어가면서 변화된 음식이라 할 수 있겠다. 재료를 조미국물에 넣고 가열을 시작하면 재료에 맛이 드는 것이다. 그래서 조림은 시간과 온도 관리, 즉 TT(Time-

Temperature) 관리가 무척 중요하다. 짧게는 몇 초, 길게는 몇 분 차이가 다양한 변화를 만든다. 3분을 조렸을 때 맛이 딱 떨어진다면, 2분 50초 조렸을 때, 3분 10초 조렸을 때 미묘하게 다른 맛이 나온다. 기준보다 덜 조려진 것도 더 조려진 것도 누군가에겐 완성된 맛일 수 있다. 그래서 조림의 시행착오는 완전한 실패라고 하기보다 만족스러운 상태의 확률을 늘려가는 과정이다. 그러니 누가 "이거 몇 분 조리면 돼요?" 물으면 5분, 10분이라고만 답해줄 수는 없다. 불 조절에 따라 완전히 다른 결과가 나오기 때문이다. 그만큼 조림은 종류도 많을 수밖에 없다. 국물이 자작한 것, 넉넉한 것, 간을 살짝 들이는 것도 있다. 간장 베이스가 많지만, 조미국물의 배합도 다채롭게 해볼 수 있다.

레시피를 확정하기 위해서든, 나만의 데이터를 정리하기 위해서든 맛의 세밀한 차이를 실험하다보면 전혀 지루하지가 않다. 조림의 레퍼토리를 늘려보려고 영업 시간 중에 틈이 날 때마다 이것저것 조려보면서 조림의 매력을 발견했다. 요즘도 시간이 많이 필요한 스지 같은 재료들을 보면 어떻게 조리면 더 맛있을까 생각하곤 한다. 그렇다고 내가 모든 재료를 조려보겠다고 하는 건 아니다. 이제는 머릿속에서 어느 정도 정리가 되어서 조려서 '될 것'과 '안 될 것'을 구분하게 됐다. 다른 조리법에 최적인 재료를 굳이 조림의 영역으로 끌어들일 필요는 없으니까.

　식당 네오를 운영할 때는 조림 요리를 거의 하지 않았다. 우선 시스템상 맞지 않았다. 짧게 짧게 여러 요리를 해야 하니 생선회나 구이같이 바로 준비할 수 있는 것들이 위주였다. "조림은 왜 없어요?" "닭날개조림은 안 하세요?" 묻는 손님도 종종 있는데, 조림을 내가 하는 가게에서까지 하는 게 좀 창피했다. 손님이 갖고 있는 그 요리에 대한 환상을 지켜주고 싶었고, 그 환상을 내가 깨뜨리지 않도록 나를 지키고 싶었다. 그러다보니 '조림은 가상현실 속에서만 해야지' 싶다가도 '내가 왜 조림을 안 해야 하는 거지?' 하는 마음도 들고 그랬다.

　지금도 조림을 잘한다고 칭찬을 들으면 아무 말도 못 하겠다. 내가 생각하는 기준에는 도달하지 못했다는 생각이 든다. 지금보다 레퍼토리가 더 풍부해져야 한다. 나의 조림 점수는 100점 만점에 이제 51점. 반을 좀 넘은 것 같다. 조림은 재미있지만 어렵다. 조림을 할 때마다 이 조림을 다시 해도 똑같이 만들 수 있겠는가 묻는다면, 선뜻 대답을 못 할 것이다. 시간과 온도를 정확히 재현해낼 수 없고 감으로 결정해야 하기 때문이다. 그래서 조림은 묘미妙味, 미묘한 맛이다. 할 때마다 매번 달라지지만, 우리는 그 속에서도 늘 최선의 맛을 찾아야 한다는 걸 조림이 가르쳐준다.

2
생선회

중국요리가 불의 요리라면 일본요리는 물의 요리라는 말이 있다. 일식에서는 중식처럼 재료를 불로 가공해 새로운 맛을 만들기보다 재료를 물로만 씻어서 재료의 맛을 그대로 전달하는 요리가 특징이라는 의미일 것이다. 그러니 원재료의 질과 신선도에 따라 승부가 나는 경우가 굉장히 많다.

하지만 횟감이 신선하다고 요리가 끝난 것은 아니다. 생선의 종류에 따라, 숙성도에 따라 횟감을 썰어내는 방법이 달라진다. 흰 살 생선은 탄력이 있어서 입에 넣어서 씹는 시간을 생각해야 한다. 적당히 씹은 다음 넘겨야 하는데 껌처럼 질겅거리면 간장만 침에 의해 넘어가고 질긴 생선살은 입안에 비린내를 남긴다. 그래서 흰 살 생선은 얇게 자른다. 반면 참치 같은 붉은 살 생선은 너무 얇게 자르면 맛이 느껴지기도 전에 입안에서 으깨져 사라진다. 두툼해야 맛이 충분히 느껴진다. 그렇다고 흰 살 생선과 붉은 살 생선의 적당한 두께를 정해놓을 수는 없다. 요리사가 횟감을 썰 때 주로 생선을 잡고 있는 왼손의 감촉으로 생선살이 어느 정도 물러졌는지 단단한지 그 숙성도를 느끼고, 오른손으로 칼을 대면서 두께를 정하기 때문이다. 결국 요리사가 두께와 길이를 어떻게 연출하느냐의 문제다.

국어사전을 찾아보면 조리調理는 "요리를 만듦. 또는 그 방법이나 과정."을 뜻하고, 요리料理는 "여러 조리 과정을 거쳐 음식을 만듦. 또는 그 음식. 주로 가열한 것을 이른다."라고 되어 있다. 나는 조리는 준비 과정, 요리는 완성 단계로 이해한다. 여러 '조리' 과정을 거쳐 '요리'가 되는 것이다. 그래서 대파를 손질하는 것은 대파를 요리하는 게 아니라 대파를 조리하는 것이 된다. 앞서 말한 생선회의 경우, 굳이 구분하자면 이 횟감을 먹을 수 있게 잘 처리하는 것은 조리이고, 적당하게 자르고 예쁘게 꾸며서 손님에게 내는 게 요리인 셈이다. 생선회 같은 날것의 재료는 조리의 단계가 매우 중요하다. 눈에 보이지 않는 위험이 늘 존재하기 때문이다.

20대 시절, 스시아카데미라는 학원을 다니고 나서 멋모르고 캘리포니아롤 가게를 창업했을 때(자세한 얘기는 뒤에서 하겠다), 메인 메뉴는 캘리포니아롤이었지만, 이왕 초밥 기술을 배웠으니 광어, 연어, 숭어 같은 날생선으로 초밥 세트도 만들어

팔았다. 그때는 경험이 너무 없던 터라 '이거 먹고 탈나면 어쩌지?' 하는 걱정이 늘 있었다. 그러니 내가 아는 모든 지식을 동원해서 위생에 신경을 쓰고 조심스럽게 만들었다. 그래도 세월이 지나고 경험이 쌓이면서 그때를 돌이켜보면, 아이고, 아찔하기도 했다.

그 후에 회전초밥집을 열고(이 얘기도 뒤에 다시 나온다) 혼자서 더 많은 일을 하고 시행착오를 겪으면서 학원에서 알려준 방법 하나밖에 모르던 수준을 벗어나게 되었다. 생선의 상태 변화에 대한 데이터가 쌓이고 변수를 이해하게 되니 조리하는 방식이 달라진 것이다. 교과서 같은 요리책도 큰 도움이 됐다. 하지만 그 책 속 사진들에는 생선에 손을 대고 있는 장면 다음엔 칼이 들어간 장면이 나왔다. 중간에 살을 벌리는 과정이 없던 것이다. 영상으로 배울 수 없던 시절에는 오히려 〈미스터 초밥왕〉 같은 만화책이 한몫을 해주었다. 만화책에는 동작에 따라 화살표가 그려져 있고, "슉슉" "쓱쓱" 같은 의성어들도 크기별로 적혀 있어 대략의 방향과 힘 조절을 가늠할 수 있었다. 물론 혼자서 터득하려면 속도가 느리고 한계가 있었다. 그때의 나는 요리사라기보다 식당을 해서 돈을 벌려는 자영업자에 가까워서 더 그랬을 것이다. 나는 그저 혈기만 왕성한 햇병아리, 하룻강아지였다.

제대로 배운 건 일본 유학을 가서였다. 학교에서는 기본부터 배웠다. 선생님의 경험담은 좋았지만, 전반적으로 도미는 제철이 언제고 광어는 어떻게 손질해야 하는지 같은 원론적인 설명이 많았다. 1년쯤 지나 학교 선배인 정호영 셰프가 귀국을 하면서 자기가 하던 아르바이트 자리를 물려주었다. 오사카 구로몬 시장의 작은 생선가게였다. 생선을 다루는 데 손을 놓으면 안 된다고 생각했던 차에 선어를 많이 만져볼 수 있다는 것만으로도 좋았다.

그 가게에는 머리가 하얘서 60대쯤 돼 보이는, 걸걸한 말투의 무뚝뚝한 사장님이 있었다. "생선만 50년!"이라고 나에게 자랑스럽게 말하곤 했다. 그 밑에는 머리가 벗겨진 실무자 아저씨가 있었다. 배달을 나가는 일이 많았지만, "나는 요리는 못해도 손질은 잘해" 하며 나름 자부심을 드러냈다. 그래도 사장님의 지식을 반박하는 건 조심스러워서 "나는 가끔 이렇게도 하거든" 하면서 사장님 못지않은 실력을 보여주었다.

나는 그 가게의 '최군'(가끔 '최상')이 되었다. 기본적으로 하는 일은 가게 정리정돈이었다. 주말에 아침 7, 8시쯤 나가서 네 시간 정도 일을 했다. 일이 없으면 일찍 퇴근시켜주었다. 방학 때는 자주 갔다. 사장님은 어쩌다 한번 "이거 해봐!" 하고 연습용 생선을 툭 던져주었다. 열심히 연습을 하고 있으면 옆에서

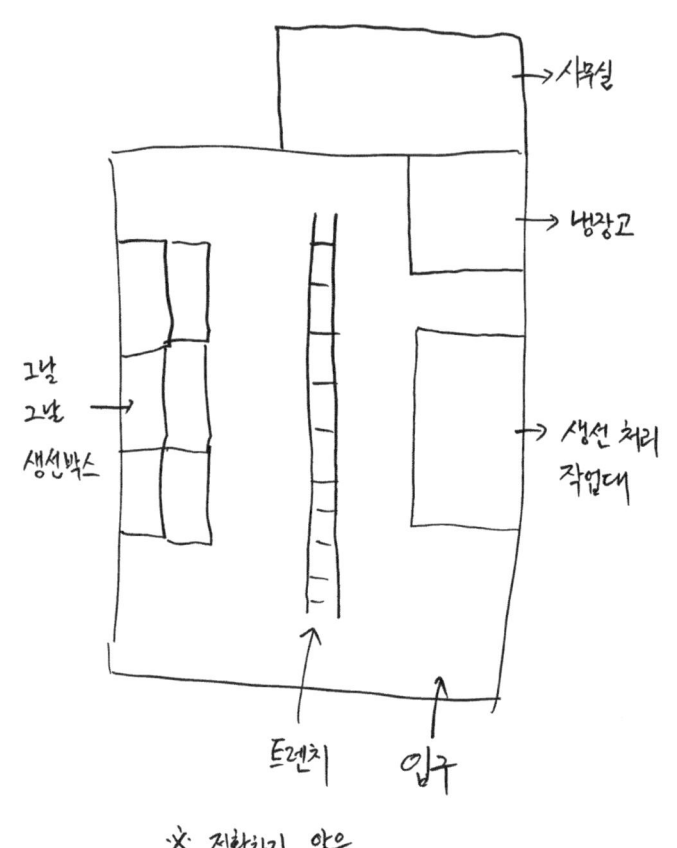

아저씨가 웃으며 아직도 못 했냐며 장난을 걸었다.

그곳에서 일하면서, 유명 식당에서 "가다랑어 4분의 1만 부탁해" "광어 자연산으로 반 마리만 떠줘" 하며 생선을 조각 단위로 주문하는 것에 깜짝 놀랐다. 주문자의 여건과 형편에 맞게 '커스터마이징'해주는 것이다. "정어리 여섯 마리 내장만 빼서 줘." "복어는 독을 제거해서 줘." 작은 이자카야에서는 더 구체적이었다. "도미를 한 마리 해주는데 완전히 포를 뜨되 갈비뼈는 제거하지 말고." 업자를 절대 신뢰하지 않으면 있을 수 없는 시스템이었다. 심지어 주문을 거절하기도 한다. "오늘은 상태가 안 좋아서 곤란한데." 그런데도 꼭 필요하다고 하면 다른 데 연락을 돌려 구해다주었다.

내가 그곳에서 깨닫게 된 것을 한 문장으로 정리하면 이렇다. 칼이 한번 지나간 자리는 다시 붙일 수가 없다. (멋있는 말인데, 내가 한 말이다.) 날것을 손질할 때는 오래 붙잡고 있어선 안 되니 과감하고 신속해야 한다. 머뭇대면 안 된다. 그건 식재료로서 신선도의 문제이기도 하고, 살아 있는 생명체의 마지막을 다루는 방법이기도 하다. 한번은 내가 생선살을 잘라봤는데 살 한쪽이 파여버렸다. 사장님은 "이걸 어떻게 할 거야, 다시 붙일 거야?" 하면서 이런 건 거래하는 요릿집에는 보낼 수가 없다고 한마디 했다. 상품가치가 완전히 떨어져버린 것이다. 그래서 칼질은 신속한 만큼 정확해야 한다. 그건 숙련의 결과다.

작은 생선가게에서 1년 사계절을 겪으면서 제철 생선을 손질해 좋은 상태로 만드는 실무적인 기술도 확실히 배웠지만, 날것을 조리한다는 것의 의미도 알게 되었다. 나는 한국에 돌아가면 일본요리를 계속할 계획이었기 때문에 일식 식재료를 깊이 들여다볼 수 있는 좋은 기회가 되었다. 그곳 사장님과 아저씨에게서 어깨 너머로 배우는 게 굉장히 재미있어서 일을 빠진 적이 거의 없었다. 학교가 온실이었다면 가게는 야생의 현장이었다.

나는 하나라도 더 배우려는 목적이 분명하다보니 가게 분들과 개인적으로 친해지지는 않았지만, 사장님은 기분이 좋으면 만 엔씩 보너스도 주었다. 명절에는 집에서 먹으라고 생선을 주기도 했는데, 때때로 연습용 생선도 챙겨주었다.

가게에서 어쩌다 내가 맡은 생선의 손질이 잘되면 혼자 기분이 아주 좋아진다. 그러면 일 끝나고 근처의 겐로쿠스시에 간다. 여기는 세계 최초의 회전초밥집이다. 아주 가끔은 유학생 '플렉스'도 한다. 생맥주 한 잔 할 걸 두 잔 하고 회전초밥 열 접시를 먹으면 3천 몇백 엔이다. 맥주와 초밥을 먹으면서 "나 오늘 좀 괜찮았는데" 같은 혼잣말을 엄청 하다가 피식피식 웃기도 한다. 기쁨을 나눌 친구는 없었지만 나 혼자의 만찬도 나름 재미있었다. 그러다 만취해 저녁 5, 6시쯤 돌아와 그대로 곯아떨어진 적도 있었다.

한번 칼이 지나간 자리는 다시 붙일 수 없다는 건 생선회를 조리하는 데도 필요한 말이지만, 우리가 삶을 대하는 자세에 대해서도 좋은 말인 것 같다. 진지하되 두려워하지 말 것. 장난치는 것처럼 보인다면, 그건 지금 이 자리에 있는 의미를 부정하는 것이 될 테니까.

3
구이

일본 음식에서 회와 국물요리 말고 또 다른 메인이 있다면 구이일 것이다. 구이는 불만 가지고 하는 가장 원초적인 조리법이다. 그중에서도 숯불구이는 엄청난 매력이 있다.

숯은 불을 붙이자마자 바로 쓸 수 있는 게 아니다. 숯이 활성화 과정을 거치면서 지속적으로 열을 내다가 연기가 사라지고 뻘겋게 달아오르면, 그 순간에 조리가 시작된다. 석쇠 위에 올린 재료에서 기름이나 수분이 숯에 툭툭 떨어지면 치익 소리와 함께 향이 올라온다. 그러면서 재료는 지글지글 소리를 내며 구워진다. 머릿속에 영상처럼 떠오르는 과정이다.

날것인 재료가 숯불에 구워져서 먹음직스러운 상태가 될 때 나는 '쫙 올라온다'는 표현을 한다. 숯은 열원일 뿐만 아니라 일종의 조미료라는 말이 있다. 숯으로 구우면 색, 식감, 향이 달라지기 때문이다. 숯의 종류와 양에 따라 차이는 있지만 숯만이

낼 수 있는 온도가 900도가 넘는다. (유명한 '비장탄'은 비싼 편인데, 천천히 달아오르지만 온도가 높이 올라가고 오래 간다.) 이 온도로 재료가 익을 때 색이 달라진다. 가스불에서는 멀건 색으로 완성되는 생선 부위들이 숯에서는 먹음직스럽게 진한 색이 나온다. 식감도 더 단단하고 바삭해진다. 향은 숯이 직접적으로 주는 게 아니고, 재료의 기름과 수분이 숯에 떨어지면서 생기는 숯향 연기가 재료에 스미는 것이다. 숯에 한번 빠져들면 헤어나지 못한다. 숯이 잘 피어오른 순간, 결과물이 최상의 상태가 되는 걸 발견했을 때 느껴지는 희열이 있다.

한국에서는 테이블에 커다란 숯불 화로를 놓고 고기를 푸짐하게 지글지글 구워먹는데, 일본에서도 시치린七輪이라는 작은 화로에 고기 몇 점과 조개 몇 개를 구워먹는 형태가 있다. 생선구이, 장어구이, 야키토리를 할 때는 주방에서 숯을 쓰기도 한다. 숯의 효과를 충분히 활용하려는 것이다. 그래서 삼겹살집에서 숯불 위에 코팅팬을 올리는 건 이해가 안 간다. 숯의 온도를 코팅팬이 견뎌낼지도 모르겠고, 숯의 영향력을 다 막아놓는다면 왜 숯을 쓰는 걸까?

식당에서 숯불구이를 하는 게 쉬운 일은 아니다. 우선 비용이 높아진다. 대부분의 식당에서는 연소기를 이용해 숯을 발화시켜 빨리 태우는데, 원래는 손님이 오기 전에 미리 숯을 활성화시키는 밑작업이 필요하다. 12시 점심 시간에 맞추려면 11시 반에는 태워야 하는데, 손님이 안 와서 1시가 넘어가면 숯불이 좋은 시간을 다 놓치는 것이다. 식당 사장은 발만 동동 구르게 된다. 이건 내 경험이다.

그래서 식당 네오에서는 가스불을 썼다. 숯을 관리할 자신이 없었다. 물론 그걸 대신할 수 있는 전기 그릴이 존재한다. 코일을 시뻘겋게 달구면 900도까지 올라간다. 그런데 그 그릴도 비싸서 못 썼다. 하지만 식당에서 감당할 수 있다면 숯을 활용하는 게 여러모로 낫다고 생각한다.

한국 사람인 우리는 요리사가 아니더라도 누구나 숯불의 매력을 느낄 수 있다. 집 근처 소고깃집에서 고기를 치익 구워서 휙 뒤집어가며 본능적으로 숯불이 만들어내는 최상의 조건을 찾아내려고 하기 때문이다. 숯은 피크 포인트가 있다는 점, 자신의 삶에서 최고의 순간인 전성기가 있다는 점 때문에 인생에 비유하고 싶었는데, 결국은 재가 되어버리는 허무함도 갖추었구나.

4
찜

찜 요리는 찜통에 쪄내면 그만인 것 같지만 생각보다 어렵다. 날것 그대로를 증기로만 조리하니 재료의 신선도가 적나라하게 드러난다. 특히나 생선찜은 거의 부끄러운 민낯이 공개되는 수준인데, 우선 심상치 않은 냄새부터 난다. 맛있는 찜 요리의 핵심은 재료의 신선함이다.

 일식에서는 생선을 찜요리로 내는 경우가 많은데, 주로 생대구를 필레로 만들어 찌는 것이다. 생선살에 소금을 뿌려 불순물이 빠지도록 탈수를 시킨다. 살짝 간을 하는 효과도 있다. 그러고 나서 찜통에 올리는데 감칠맛을 더하기 위해 밑에 다시마를 깔기도 한다. 술 몇 방울을 생선 위에 둘러준 다음 본격적으로 쪄낸다. 요즘에는 스팀 컨벡션 오븐에 찌는 식당도 많다. 원하는 온도를 정확히 맞출 수 있다는 장점이 있는데, 90도 이상에서 천천히 찐다. 완성이 되면 그릇에 옮겨서 소스를 끼얹을 것인가, 소스에 찍어먹게 할 것인가를 결정하면 된다.

한국요리 중 이름에 '찜'이 들어가는 것들은 일본의 찜요리와 성격이 다르다. 국어사전을 한번 찾아봤더니 '찌다'라는 동사의 뜻은 한국과 일본이 같지만, '찜'이라는 요리 이름의 정의는 완전히 달랐다. 일본의 찜요리는 증기를 이용해 재료를 익힌 것인데, 한국의 '찜'은 '여러 가지 양념을 한 고기나 채소를 찌거나 국물이 바특하게 삶은 음식'이라고 한다. 찜통에 찌지 않는 아귀찜, 김치찜, 찜닭 같은 요리들을 왜 찜으로 부르는지 알게 됐다.

내가 좋아하는 것은 일식 계란찜이다. '자완무시茶碗蒸し'라고 한다. 가쓰오부시 육수에 계란물을 섞고 각종 재료를 담은 그릇에 부어 찜통에 쪄낸 것인데, 따뜻하고 훈훈한 느낌이 좋다. 육수와 계란의 배합 비율 때문에 표면이 맨질맨질하다. 쪄진 계란도 먹을 수 있고 육수가 우러난 맛도 즐길 수 있고, 닭고기, 밤, 은행, 버섯, 새우 같은 건더기를 건져 먹는 재미도 있다. 한국의 고깃집에서 즐겨 먹는 계란찜도 좋아하지만, 그건 직화로 익혀내는 것이라 자완무시와는 완전히 다르다.

자완무시는 일본 편의점에서도 파는데, 가정에서 밥반찬으로 먹는 건 못 봤다. 가이세키会席 요리(일본의 고급 코스 요리)에서는 국물요리로 사용되기도 했다고 한다. 그래서 일식 계란찜은 완전히 익혀도 국물이 잘박하게 나온다. 뚜껑을 열고 작은 숟가락으로 부들부들한 상태의 계란을 맛보고 나서 막 휘저어 국물로 만들어 마시는 법을 학교 선생님이 알려주었다.

식당을 할 때는 메뉴에 계란 요리를 넣어야겠다 싶으면 계란찜을 했다. 예전에는 쪄서 온장고에 넣어두곤 했는데, 제때 안 나가면 완전히 다른 계란찜이 되어버렸다. 코스의 흐름에 맞게 갓 쪄낸 계란찜의 맛을 즐길 수가 없다. 그래서 조리 타이밍을 맞추기가 어렵다. 그릇에 쪄내는 거라 조미가 된 계란물을 넣어두면 육수와 분리가 된다. 손님에게 내야 할 시간을 고려해서, 건더기가 미리 담긴 그릇에 계란물만 부어서 10~12분간 찐다. 계란도 찜이라서 신선도가 드러나기 마련이다. 계란찜은 배부르게 먹는 음식이 아니라서 계란이 많이 들어가지도 않으니 다들 좋은 계란을 써주시면 좋겠다.

나는 계란찜에 달큰하게 조린 밤, '단짠'으로 간장에 조린 표고버섯을 넣는 걸 좋아한다. 거기에 조린 바닷장어를 그릇 크기에 맞게 한 토막 넣고, 가금류까지 포함하면 닭고기를 넣는다. (일반적으로는 닭고기와 새우를 같이 넣는다.) 닭고기는 술에 볶아내서 70퍼센트만 익히고 나머지는 계란찜 안에서 익으면서 육수에 자기 맛을 전하게 하면 좋다. 계란찜에는 어느 정도 간이 되어 있는 재료들을 넣는 게 포인트다. 조미한 재료들이 같이 쪄지면서 계란과 육수의 맛이 복잡하고 오묘해지는 게 매력이다.

꽤 공이 많이 들어가는 음식이라, 오늘은 계란찜을 해먹어야지 하고 만든 적은 한 번도 없다. 재료들이 어느 정도 준비가 되어 있다면 모를까. 찜통에 물도 올려야 하고, 가쓰오부시 육수도 뽑아야 한다. 그냥 물로 하려면 안 하는 게 낫다. 조리지 않은 재료를 넣는 것도 용납이 안 된다. 횟감이 남아서 생선살을 툭툭 잘라 넣는다? 절대 안 될 말이다. 내가 책임지고 요리하는 공간에서 계란찜을 낸다면 이렇게 해야 한다는 기준은 확실히 있다. 그래서 귀한 만큼 귀찮은 요리다.

계란찜은 보물찾기라는 생각이 든다. 내 앞에 놓인 작은 그릇 속을 작은 숟가락으로 탐험한다. 부드러운 계란만 떠먹어도 보물일 수 있겠지만, 하나씩 무작위로 건져 올려진 건더기들이 진짜 보물 같다. 그런데 건더기 하나하나가 다 제대로 조리가 되어 있다면 보물찾기 하는 시간이 더 값질 것이다. 결국 '꽝'이 없는 보물찾기 음식. 그래서 나는 이 음식이 재미있고 좋다.

5
육수

유튜브 채널을 열고 초창기에 육수를 내는 과정을 영상으로 올린 적이 있었다. 40~50분씩 걸렸는데, 당시에 몇 안 되던 구독자들이 다들 댓글로 말렸다. 유튜브는 이렇게 하는 게 아니라고. 그때부터 잠이 잘 오는 유튜브라고 소문이 났던 걸까?

육수는 기본적으로 시간과의 싸움이다. 냉면에 쓰이는 고기육수는 기본 세 시간은 걸린다. 그래서 가게에서는 육수를 뽑는 일이 꽤 큰 부담이다. 그 시간 동안 불 하나를 차지하고 계속 들여다보며 관리를 하려면 한 번에 만드는 양이 어느 정도 돼야 하는데, 그러면 재료 값도 많이 들고 가스비도 만만치 않다.

시간을 들이면 육수가 맛있어지는 것도 사실이지만, 무작정 오래 끓인다고 맛이 나는 것도 아니다. 타이머를 활용해 불 조절을 해야 한다. 육수를 뽑을 때도 재료에 따라 기본적으로 지켜야 되는 것들이 있다. 가쓰오부시는 계량을 해놓고 스탠바이하다가 물이 보글보글 끓을 때 넣고 몇 분 뒤 불을 끄느냐에 따라 육수 색과 맛에 미묘한 변화가 있다. 채소로 내는 국물인 채수는 마냥 끓이면 산미가 난다. 샤부샤부를 먹을 때 배추를 잔뜩 넣고 한참 끓인 뒤 먹으면 국물은 진해진 것 같은데 왠지 새콤한 맛이 나는 것과 같은 이치다. 불필요한 맛이 나오기 전에 불을 꺼주는 게 좋다. 다른 요리도 그렇지만, 육수도 기본적인 TT 관리가 중요하다.

육수를 뽑는 과정 자체를 너무 간소화하면 당연히 제맛이 안 난다. 그렇다고 욕심을 부려서 재료를 이것저것 다 집어넣으면 오히려 목으로 잘 넘어가지 않는 '과부하육수'가 나올 때도 있다. 그래서 육수가 너무 맛있으면 안 된다고 생각하는 사람도 있다. 음식을 각 구성 요소가 가진 맛의 합으로 봤을 때, 예를 들어 육수가 10점, 고기가 3점, 양배추가 2점이라면, 육수가 다른 재료의 맛을 덮어버린다는 것이다. 일리가 있는 말이다. 반면에, 그래도 육수는 음식의 기둥이라서 확실하게 맛을 내야 한다는 쪽이 있다. 나도 여기에 동의한다. 육수는 기본적으로 탄탄한 쪽이 좋은 것 같다. 그래야 그 기둥을 바탕으로 '빌드업'이 잘되기 때문이다.

국물의 민족, 한국 사람들이 마시는 국물 양은 많은 편이다. 그래서 국물을 낼 때도 쭉 들이켤 수 있게 만든다. 일본에서는 국물을 렝게라는 국물용 숟가락으로 떠먹긴 해도 그릇째 들고 먹는 걸 본 적은 없다. 국물에 담긴 면을 즐기는 문화다. 그래도 감칠맛을 중요하게 여기는 일본요리는 육수, 즉 '다시'라는 개념을 빼고는 설명이 안 된다. 요리의 베이스이자 밑준비가 되기 때문이다. 다시는 주로 가쓰오부시와 다시마를 함께 넣고 뽑은 육수인데 거기서부터 여러 요리가 시작된다. 조림을 할 때도 다시가 대부분 들어간다. 그래서 요리사로서 다시가 잘 나오면 안심이 된다.

 일식에서는 고기 육수를 잘 쓰지 않는다. 고기가 들어가는 국물요리라면 고기 자체에 국물 맛을 맡기고 무 같은 것을 추가로 넣는 편이다. 한국요리나 서양요리에는 고깃국물이 자주 쓰인다. 막국수에 관심이 많은 나는 고기육수를 많이 내보는데, 하다보면 무척 흥미롭다. 고기 부위와 상태에 따라 물에 나눠주는 맛과 향이 달라진다. 심지어 고기의 국적에 따라, 한우인지 호주산, 미국산인지에 따라 결과치에 차이가 있는 것 같다.

 한참 육수 내는 일은 꽤 많이 했지만, 그래도 '오늘 제대로 잘 뽑혔다!' 싶으면 짜릿하다. 한 번 할 때마다 시간이 오래 걸리니 앞으로 얼마나 더 해볼 수 있을까, 얼마나 더 많은 데이터를 쌓아볼 수 있을까 싶다. 이럴 때만 수명이 한 300살이면 좋겠다. 그래서 요리사로서 노후 준비라고 생각하고, 할 수 있을 때 많이 뽑아보려고 한다. 그러다 정말 언제 어떻게 뽑아도 최상의 맛이 나오는 경지에 다다르면 그 육수 기술이 나이 든 요리사의 든든한 자산이 될 것이다. 그러면 그 육수를 나의 '연금 육수'라고 불러야겠다.

6
튀김

솔직히 말하면, 다른 조리법에 비해 튀김에 대한 나의 관심은 아주 조금 덜한 편이었다. 아마도 식당 네오에서는 코스 요리로 운영하다보니 튀김의 비중을 높일 수가 없어서 그랬던 것 같다.

나는 다양한 요리가 나오는 코스에서 빈자리 하나를 채우려고 할 때 튀김을 선택했다. 먹는 사람의 입장에서도 '담백-담백-담백'으로 코스의 맛이 계속되면 왠지 허전하고 쓸쓸해지는 순간이 있는데, 그럴 때 기름진 음식을 한번 넣어주는 것이다. (담백한 소바에 모둠 튀김을 함께 내는 메뉴가 있는 것도 이런 이유다.) 튀김은 굉장히 개성이 강한 편이라 보통 코스 후반에 나온다. 초반에 등장하면 기름진 맛이 전체 흐름의 밸런스를 흐트러뜨리고, 느끼하고 배부른 느낌이 입맛을 떨어뜨릴 수도 있어서다. 그래서 코스 요리 속 튀김은 튀김옷이 얇고 가벼운 게 특징이다.

일본의 덴푸라天ぷら 전문점에는 덴푸라 코스가 있다. 튀김만으로 코스 요리를 만든 것이다. 카운터에 앉아 있으면 요리사가 손님의 접시에 튀김을 하나씩 올려주며 말한다. "새우입니다." "가지입니다." "고구마입니다." 한 열 개 정도 먹고 느끼함이 차오른다 싶으면 마무리 식사가 나온다. 튀김을 얹은 돈부리(덮밥)라든가 오차즈케 같은 것들이다. 나는 담백한 요리를 선호하지만 이런 덴푸라 전문점에 가는 건 엄청 좋아한다. 바삭하게 튀겨진 재료를 하나하나 받아먹는 재미도 있는데, 무엇보다 남이 그렇게 해주니까, 내가 안 해도 되니까 좋은 것 같다.

일본요리에서는 튀김이 무척 발달했다. 그래서 종류도 다양하다. 우선 '고로모아게衣揚げ'는 '옷 의衣' 자가 있는 걸 봐도 알 수 있듯, 튀김옷을 입혀 튀기는 것이다. '덴푸라'도 고로모아게의 한 종류로, 튀김옷은 밀가루, 물, 계란노른자 정도다. (한국의 시장에서 파는 튀김들이 덴푸라와 비슷하다고 볼 수 있다.) 다른 고로모아게로는 튀김옷으로 빵가루를 쓴 것, 채 썬 만두피나 크래커를 묻힌 특이한 것도 있다. '가라아게唐揚げ'는 전분 같은 가루만 묻혀 튀긴 것이다. 일본은 가라아게를 전문으로 하는 식당이 있다. 간장, 미림, 청주, 생강, 마늘을 갈아 넣은 양념장에 닭고기를 재우고, 그 닭고기를 건져서 전분이나 전분과 밀가루를

수 있게 하는 과정이다. 거기에 생선의 특성상, 비늘도 치고 내장도 다 꺼내야 하니 다른 재료에 비해 험난할 수밖에 없다.

예전에는 시장에서 생선을 살 때 '물봉'이라고 해서 비닐봉지에 물과 살아 있는 생선을 담은 것을 받아왔다. 처음엔 봉지를 뜯다가 물을 뒤집어쓴 적도 있고, 생선이 튀어올라 싱크대 밑으로 들어가서 그걸 끄집어내다가 옷이 지저분해진 적도 있다. 좁은 주방에 있을 때는 단번에 숨을 못 끊어서 피가 사방에 튀기도 했다. 성질이 급한 방어는 피도 팍 뿜어져나온다.

살아 있는 생명을 끊는 일은 익숙해지지 않는다. 아무래도 죄를 짓는 느낌이다. 불교신자인 어머니는 살아 있는 생선을 잡을 때 주문을 외우라고 알려주셨다. 발보리심 발보리심⋯ 그러지 않으면 다음세상에 생선으로 태어난다고 하셨다. 지금도 인터넷에 돌아다니는 내 영상 중에는 파닥거리는 생선을 도마 위에 올려놓은 장면이 있다. (1년에 한 번씩은 갑자기 조회수가 오르는 것 같다.) 유튜브를 한 지 얼마 안 되어 정보를 전달하겠다고 촬영한 것이었는데, 생명체를 가지고 장난하냐, 놓아줘라 하는 댓글이 아직까지 달리곤 한다.

지금은 내가 생선을 직접 잡는 일은 안 하려고 한다. 그래서 살아 있는 것보다 그날 잡아서 보내주는 선어를 쓴다. 내장을 빼지 않은 채로 움직이지 않게 목숨만 끊어놓은 상태다. 생선을 잡는 일은 전문업자에게 맡기는 게 마음이 편하다. 오래 주방에 있다보니 식재료에 대한 죄책감과 감사함을 동시에 갖게 된다. 늘 생명을 끊어야 한다는 생각에 마음 불편한 한편에, 이렇게 맛있는 생선을 보내주는 분들한테 고맙기도 하다. 태풍이나 기상이변으로 인해 생선이 잘 올라오지 않을 때는 특히 더 그렇다.

최근에 식당 네오를 할 때 철마다 쓴 계절 생선을 합치면 10여 종은 될 것 같다. 생선을 손질하는 과정은 내장을 먹을 수 있는 것들이 좀 다를 뿐 기본적으로 비슷하다. 손질을 하고 나서 그다음 과정으로 연결하는 게 어려운 일이다. 숯불구이로 갈지, 조림으로 갈지, 찜으로 갈지, 어디로 갈지에 따라 손질한 생선의 최종 형태가 달라진다. 물론 생선을 구입하기 전에 미리 메뉴 계획을 세워두니 밑손질을 끝내놓고 방향을 고민하는 일은 돌발 상황이 아니면 거의 없다.

반면에 고기는 도축 시스템이 잘돼 있어서 생선보다는 비교적 쉽게 원하는 부위를 사용할 수 있다. 밑손질이 어느 정도 밖에서 이루어진 다음 들어오는 셈이다. 고기 한 마리를 부위별로 나누는 일은 더 이상 요리사의 일이 아닌 것으로 되었다. '남이 떼어준 부위를 쓴다고? 직접 해체해서 요리까지 해야 완벽한 거 아냐?' 그렇게 생각하는 요리사도 분명 있긴 하다.

나는 그때그때 메뉴 계획에 맞게 필요한 고기만 구입하는 편이다. '소와 돼지를 같이 써보자' '돼지고기를 햄으로 만들어 볼까?' '프라이드치킨을 우리 식대로 해볼까?' 이런 결정에 따라 고기 구성을 한다. 특정 부위를 정기적으로 들이지는 않았다. 예전에는 업자들이 가게에 소량 판매를 잘 안 했다. 나처럼 작은 가게를 하면 재료를 박스로 들여왔을 때 소비를 제때 못 할지도 모른다는 두려움이 있다. 그런데 최근에는 팩 단위로 소량 판매하는 업체들이 생겼다. 여러 부위를 조금씩 살 수 있어서 요리가 더 즐거워졌다.

그렇게 들여온 고기는 기름을 떼거나, 삶아놓거나, 절여놓거나 한다. 그나마 손이 많이 가는 부위가 우설인데, 꺼끌한 겉

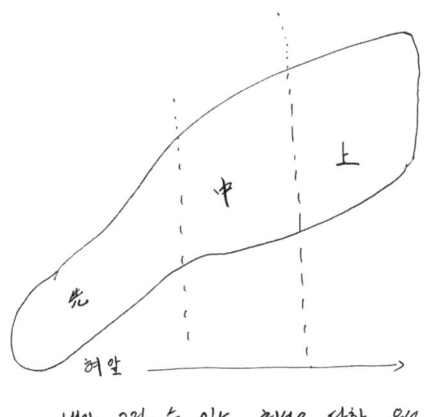

내가 그릴 수 있는 최선을 다한 우설

껍질을 도려낸 뒤 삼등분을 한다. 혀끝은 안 쓰고, 중간의 뒷부분부터 사용한다. 나는 우설로 탕수육을 한 적도 있는데, 주로 구이나 조림으로 쓴다. 조림을 하려면 대파, 마늘, 생강과 함께 압력솥에 넣고 푹 삶은 뒤 양념장에 넣고 조려둔 다음 불을 끄고 스탠바이. 나는 여기까지, 최종 요리의 전단계까지 모든 공정을 밑손질로 본다. 이렇게 공을 들여 맛을 냈는데도 우설은 이미지 때문에 반응이 허무할 때가 종종 있다. 한 점 먹고 나서 "지금 내가 소랑 딥키스 한 거냐"며 안 먹겠다고 하는 손님도 있었다. 음, 이거 혀끝이 아니라 혀뿌리 쪽인데요.

채소는 세척이 제일 중요하다. 뭐가 묻었을지도 모르는 채소 상자를 그대로 싱크대 위에 올려놓고, 거기서 흙이 잔뜩 묻은 채소를 꺼내 그대로 도마에 올리는 모습을 본 적이 있는데, 너무 위험한 위생 관념이다. 들어온 채소를 밑손질하려면 싱크볼로 바로 가져가야 한다. 물로 꼼꼼히 씻고 질긴 껍질도 제거한다. 나는 양상추를 되게 좋아하는데 이렇게 아삭함이 생명인 채소에는 '50도 세척법'을 추천한다. (자세한 내용은 유용한 팁으로 가득 찬 《최강록의 요리 노트》라는 책에 나와 있다.) 양상추 잎을 손으로 하나씩 뜯어 50도쯤 되는 물에 1분 내외로 담가놓는다. 아삭함을 살리고 오래가게 하는 방법이다.

밑손질의 구체적인 방법들은 이 책에 다 쓰기엔 너무 세세하고 길고 지루한 과정이다. 주방의 일과는 밑손질처럼 고되고 반복적인 일이 대부분이다. 그래서 요리를 예쁜 접시에 먹음직스러운 음식을 올리는 작업으로만 상상하고 요리사가 되려는 학생들이 주방에 들어오면 깜짝 놀랄 수밖에 없다. 하지만 오래 경험을 하다보면 결국엔 밑손질이구나, 깨닫게 된다. 밑손질은 요리의 완성도뿐만 아니라 식당 전체의 컨디션과도 연결되어 있다. 이게 착착 준비되어 있어야 주방의 흐름도 원활해지고, 식당의 전반적인 위생도 좋아지고, 직원들도 제대로 휴식을 취할 수 있다. 밑손질이 식당 운영의 60퍼센트라고 나는 누누이 강조한다.

이건 다른 직업, 다른 업계에서도 마찬가지가 아닐까 생각한다. 결과물로는 잘 드러나지 않지만, 그 업계 사람들, 전문가들에겐 아주 잘 보이는 작업이 그 결과물을 만들어내는 데 중요한 역할을 해낸다.

8
칼

나에게 가장 중요한 도구는 칼이다. 일본요리에서도 칼은 대단히 중요한 위치를 차지한다. 칼은 채소, 생선, 고기 등 용도에 맞게 쓰는 게 정석이다. 기본적인 것은 규토牛刀다. '소 우牛' 자가 들어 있지만 소 잡는 칼은 아니고, 범용 식칼로 사용된다. 그리고 채소 전용 우스바보초薄刃包丁, 생선 손질용 데바보초出刃包丁, 회 뜨기용 야나기바보초柳刃包丁가 있다. 그리고 페티나이프라고 작은 칼이 있는데, 재빨리 칼질이 필요할 때 기동력 있게 사용한다.

예전에는 목적에 따라 칼을 다 나눠서 썼는데 요즘에는 양식칼로 합쳐서 쓰는 추세다. 나도 규토 한 자루로 대부분의 채소, 닭고기, 소고기를 썰고 웬만한 슬라이스도 다 하게 되었다. 생선은 스지히키筋引き라는 칼로 대부분을 손질한다. 그래도 회를 뜰 때는 전용 칼을 써야 한다. 그걸 대체할 수 있는 칼은 없

는 것 같다. 회를 다룰 때는 칼의 의존도가 높을 수밖에 없는데, 실제로 재료를 자르는 쾌감이 있어서 이 칼질하는 맛에 일식에 입문하는 경우도 꽤 있다.

다른 요리사들도 그렇겠지만, 나도 내 칼이 아닌 것들은 잘 안 쓰게 된다. 누구나 쓰도록 준비된 칼들은 갈아놓지 않은 것들이 많다. 칼이 잘 들지 않으면 요리를 할 때 신이 나질 않는다. 그리고 무딘 칼을 쓸 때 더 다치게 된다. 재료가 잘 안 잘려서 힘을 과하게 주는 순간이 위험하다. 오히려 칼날의 날카로움이 최대치라면 스치기만 해도 다친다는 생각에 더 조심하게 된다.

칼은 잘만 관리하면 평생을 함께할 수 있다. 인간보다 오래 살 것 같다. 그런데 가끔씩 권태가 온다. 그럴 때 지름신이 와서 속삭인다. "다른 걸로 바꿔봐. 그러면 네 실력이 늘어날 거야. 새로운 칼이 너에게 날개를 달아줄 거야." 그러면 칼을 사러 갈 수밖에 없다. 칼을 사는 것은 신중해야 하는 일이다. 칼에 대한 '깨알상식'을 챙기고 요모조모 물어보면서 사는 요리사도 많을 것이다. 나도 칼을 사기 전에는 이런저런 조건들을 생각해보기도 한다. 기능적인 면은 여전히 중요하니까. 하지만 막상 칼 가게에 가서 칼을 착 잡아보면 안다. '이건 내 거다!' 싶은 것이 있다. (그래서 칼의 소재도 뭔지 모른 채로 덥석 산 적이 있다.) 그 '내

거'라는 느낌을 굳이 한마디로 표현하자면 절묘한 균형감이다. 그래서 나는 칼만큼은 인터넷으로 사지 않으려 한다.

칼을 들어보고 '내 건데!' 했다가 가격을 보고 '내 거 아니네' 하고 내려놓은 적도 많다. 한번은 일본에 갔을 때 학교 선생님의 추천으로 후쿠오카의 '기쿠히데'라는 칼가게에 칼을 사러 갔는데, 거기서 나를 '쫙 빨아들이는' 칼을 만났다. 길이도 적당하고 칼날의 휘어짐도 맘에 들었다. 휘어진다는 건 회를 얇게 뜰 수 있도록 가벼운 탄성이 있다는 뜻이다. 그래서 칼날을 누르면 살짝 휜다. 그 칼의 가격을 물었더니 "이 칼을 만든 사람이 돌아가셔서 가격을 매길 수 없지만, 사신다면 지금 가격을 책정해드리겠습니다"라는 답이 돌아왔다. 나는 거기서 멈췄다. 분명 엄청나게 비쌀 거야. 가격에 상처받을까봐 포기하고 말았다. 얼마인지 들어나 볼걸 그랬나.

나는 주로 일본에 갈 일이 있을 때마다 칼가게를 찾아가서 사는 편이다. 일본의 칼가게는 편집숍 같은 곳이 많다. 자체 브랜드의 칼도 있고, 다른 유명한 브랜드의 칼도 모아둔다. 칼 장인의 이름을 걸고 하는 곳은 똑같은 두 자루가 없는, 세상에 유일한 한 자루씩만 놓고 팔기도 한다. 그래서 칼가게에 한번 들어가면 한 시간은 넘게 구경하다 나온다. 웬만큼 전문적인 곳에 가면 뭘 찾는다는 말이 끝나자마자 종류별로 세 자루씩은 쭉 꺼내준다. 나는 한참을 들여다보고 잡아보고 들어본다. 그러면 내적 갈등이 시작된다. 점원에게 "잠시만요" 하고 나면 내 안의 착한 강록과 나쁜 강록이 싸운다. 이걸 꼭 살 필요가 있을까? 이거 한 자루는 저번부터 사고 싶었잖아. 이거 또 사놓고 갈지도 않으려고? 한번 사면 평생 쓸 건데? 지금은 아냐, 내일 와도 돼… 그렇게 빈손으로 귀국하고 후회한다. 그걸 샀어야 했는데.

일본 칼도 브랜드가 엄청 많은데, 대량생산하는 제품은 잘 안 쓰게 된다. 기왕이면 흔한 칼보다는 희소성 있고 유니크한 칼을 찾는다. 요리사에게 칼이란 작가의 펜 같은 도구다. '이걸 가지고 내 역량을 펼칠 수만 있다면!' 하고 의미를 부여할 수도 있는 게 칼이다. (칼에 이름을 붙여주는 요리사도 꽤 많다.) 그래서 일반적인 걸 쓰고 싶진 않다. 그렇다고 맞춤 제작을 하지는 않지만 적어도 내 것이라는 느낌이 들어야 한다. 각인 서비스가 있어서 예전에는 칼에 내 이름도 새겼는데 요즘엔 그렇게까지 하진 않는다.

내가 가진 칼은 열 자루가 넘는다. 주로 쓰는 건 세 자루다. 가격은 20만 원에서 50만 원 사이에서 사게 되는 것 같다. 내 지갑 사정 때문에 상한선을 잡아둔 것이다. 칼을 한번 사면 실제로 10년 넘게 쓰지만, 칼을 사던 시기에 차비도 없었던 적이 있었다. 물론 100만 원짜리, 1천만 원짜리도 판다. 칼에 작품의 개

넘이 들어가면 비싸진다. 1천만 원짜리를 산 사람도 나처럼 잡아보고 '이거 내 거다!' 했을 것이다.

칼가게에서 칼을 사면 한번 갈아주는데 ('날을 잡아준다'라고 한다) 나는 그걸 다시 간다. 칼을 가는 법도 연습을 해야 한다. 힘과 방향을 잘 조절하고, 언제 마무리를 할지 감이 있어야 하기 때문이다. 지나치게 갈게 되면 '날이 넘어간다'라고 표현하는데 갈고 있는 날의 반대면으로 살짝 휘는 것이다. 회를 뜨기 직전에 칼을 갈면 쇠비린내라는 금속향이 회에 밴다. 전날이 아니면 최소 몇 시간 전에라도 갈아놓는 게 중요하다. 그런 다음 세제로 닦아서 쇳기를 없애고 잘 말려서 손님 맞을 준비를 해놓는다. 냄새뿐만 아니라 회의 완성도에도 영향을 준다. 무딘 칼로 썰면 톱질처럼 하게 돼서 회가 매끄럽지 않다. 칼이 잘 안 들면 횟감을 잡고 있는 왼손이 횟감을 꾹 누르게 된다. 대고 있는 시간도 길어져서 회에 전달되는 온도가 회의 맛을 떨어뜨릴 위험이 있다. 감기 기운 때문에 몸에 열이 있으면 손으로 연어 살을 5분만 잡고 있어도 연어가 익는다고 한다.

칼을 갈 때 '야스리'라고, 정육점에서 많이 쓰는 연마봉도 있는데 나는 그걸 쓸 줄 모른다. 그래서 숫돌을 쓴다. 보통은 일과가 끝난 밤에 식탁에 거치대를 놓고 그 위에 숫돌을 올리고, 조용히 슥-삭-슥-삭. (칼 가는 내 뒷모습을 보고 아이가 놀라서 "아빠… 뭐 해?" 한 적이 있다.) 칼을 숫돌에 대는 순간 그 칼은 진정으로 내 것이 되는 것이다. 내가 날을 세워주는 것이고 내 손을 타는 것이니까. 엄청 비싼 칼을 사면 왠지 아까워서 좀 뒀다가 갈까 하는 마음도 드는데, '명검이 장롱 안에 있으면 무슨 의미겠는가'라는 멋있는 말을 떠올리고 결국엔 잘 갈아둔다.

9
그릇과 도구들

그릇은 직관적으로 예쁜 걸 선택한다. 눈으로 보고 마음에 드는 걸 고르는, 당연하고 단순해 보이는 과정이지만, 사실 이렇게 하기 위해서 사전에 고려해야 할 것이 있다. 우선 조리법에 맞는 그릇, 다시 말해 회, 구이, 찜, 튀김 또는 조림 요리를 담을 그릇이라는 명확한 목표를 설정한다. 그리고 나서 현장에 나가 둘러보며 일차적으로 '내 눈에 예쁜' 그릇을 후보로 올린다. 여기엔 나의 취향이 반영되겠지만, 그 취향도 뭐라고 한 마디로 기준을 세우긴 어렵다. 여기서 '예쁨'이란 일관적인 기준이 아니라 '목적에 딱 들어맞는 예쁨'일 수 있겠다. 회를 담으려면 화려한 게 필요할 때도 있고, 단단하고 균형감 있는 게 필요할 때도 있다. 경우에 따라 재미를 위해 회전초밥용 접시를 쓰기도 한다. 그래서 예선을 통과한 후보 그릇들은 가까운 곳에 놓고 살펴보면서 머릿속에 가상현실 세계를 펼친다. 내가 만든 요리가 담긴 모습을 입체적으로 상상해보는 것이다.

그러나 그릇을 고를 때 최종적으로 나의 정서를 지배하는 건 예산이다. 개인적으로 쓸 접시 한 장이라면 큰맘 먹고 몇 십만 원짜리도 사겠지만, 같은 음식을 동시에 제공해야 하는 식당의 입장에선 최소한 열 장 이상을 사야 한다. 깨질 것을 염두에 두고 두 장 더. 그러면 장당 6만 원이라도 다 합치면 80만 원꼴이다. 그 계산을 조리법별로 반복해야 한다. 언제나 그렇듯 마지막 순간에 예산이라는 거인이 나한테 한마디 한다. "안 돼, 이 자식아." 내 눈높이는 자연히 낮아진다.

그래도 주방가위는 딱 하나 사는 거니까 웬만큼 좋은 걸 산다. 최근에 산 것은 15만 원짜리다. 미용가위도 좋은 건 몇백만 원이라고 하는데 주방가위는 그 정도는 아니지만 좋은 가위일수록 가격이 높다. 주방가위는 주로 생선 손질할 때 쓰는데, 뼈와 지느러미를 잘라낼 때, 칼로는 만들기 힘든 곡선으로 오려낼 때 쓴다. 나한테는 크기와 절삭력이 중요하다. 막 쓸 수 있으니 튼튼해야 한다. 주방가위는 칼가게에서 같이 팔기도 한다. 실제로 색색색 잘라보면 딱 이거 하나 있어야겠다는 생각이 드는 게 있다. 가위도 숫돌에 간다. 칼도 가위도 잘 들어야 요리할 맛이 나는 법이니, 칼 다음으로 신경을 쓰는 게 바로 주방가위다.

그리고 빠뜨릴 수 없는 나의 '계량이', 애착 계량컵이 있다. 일본 유학 시절 주방용품 거리에 가서 소품들을 하나씩 사 두었는데, 그때 산 계량컵이다. 손잡이 달린 게 편해서 지금까지 쓰고 있다. 내 주방의 모든 재료를 다 계량해본 것 같다. 사용한 지 15년도 넘었지만, 스테인리스라 나이도 안 먹고 그대로여서 평생 갈 수 있겠다. 아주 예쁜 계량스푼도 있었는데, 식당 네오 문을 닫으며 짐을 싸다가 잃어버렸다.

일부러라도 자주 사용하려고 하는 건 조리용 젓가락이다. 집게 대신 쓰면 전문적으로 보이는 효과가 있다. 나는 젓가락질을 아주 잘하진 못해서 연습할 겸 조리할 때 조리용 젓가락으로 작은 잎이나 콩을 집어보려고 한다. 나무로 만들었지만, 부러뜨리거나 불에 대지만 않으면 오래 쓴다.

칼이나 가위처럼 날이 있는 것들은 인연이 끊긴다고 해서 선물을 하면 안 된다는 말이 있는데, 이전 직원들에게 선물 한 번 했더니 지금은 다 인연이 끊겼다. 그래서 얼마 전 폐업을 할 때는 예전에 나카무라아카데미에서 젓가락 깎는 게 취미인 선생님한테 선물 받은 젓가락 한 벌을 직원에게 물려주었다. 젓가락 선물을 받으면 젓가락 같은 두 다리로 도망을 가진 않겠지.

10
메뉴 개발하기

네이버에 내 이름을 검색하면 '요리연구가'라고 뜬다. 〈마스터셰프 코리아 2〉가 끝나고 등록이 된 것 같은데, 그 시절에는 '요리연구가'라는 말을 자주 썼다. 셰프라기보다 방송인이라는 의미였던 것 같다. 지금 보면 무척 거창하고 그래서 어색하다. 나는 요리를 연구하지는 않는데. 아니, 당장 필요한 메뉴를 만들어야 한다면 조사를 하고 공부를 하긴 하는데 그걸 연구라고 해도 되는 걸까?

'메뉴 개발' 과정이 연구에 가까울 수는 있겠다. 하지만 그 작업도 무언가 전에 없던 것을 '발명'해내는 창의적인 일은 아닌 것 같다. 지금 시대에는 요리에서 '오리지널'을 따지기가 어렵다. 이미 무수한 요리들이 눈앞에 보이고, 그중에서 흥행에 성공한 요리도 무척 많다. 이런 예들을 참조하지 않고 만들 수 있는 요리라는 게 존재할까 싶다. 흔히 '재해석'이라는 말을 하는데, 재해석을 하면 어디서부터가 '오리지널'이 되는 걸까? 재해석을 하는 과정에서 예전에 봤던 자료, 일했던 식당에서의 경험으로부터 힌트를 얻었을 수 있다. 재해석의 결과물에서는 미세한 맛의 포인트, 재료의 익힘 정도, 발산하는 풍미 같은 것들이 이전의 것들과 다른 개인의 '오리지널'일 수는 있겠지만, 전체를 통틀어서 '오리지널'이라고 할 수 있을지는 모르겠다. 아마 재해석을 한 당사자만이 알 수 있는, 나로서는 뭐라 말할 수 없는 부분이기도 하다.

'너만의' 요리는 무엇이냐, 너의 '오리지널'이라고 할 수 있는 음식은 무엇이냐, 질문을 받으면 나는 작아지는 느낌이다. "아직 공부 중입니다"라고 에둘러 답하면 왜 이렇게 겸손한 척하냐는 반응이 되돌아온다. 제삼자가 봤을 때는 내가 요리사니까 할 줄 아는 요리도 많고 그중에 인기가 있었던 것도 있었던 것 같은데 제대로 답을 안 하니 이상해 보일 수 있겠다. 하지만 사실이 그렇다. 나는 나만의 오리지널을 추구하기보다, 일본요리의 재료를 이미 알려진 조리법에 의거해서 잘 조리하려고 노력할 뿐이다. 예를 들자면, 나는 조리 과정에서 학교에서 배운 내용을 많이 활용하는 편이다. 육수를 뽑는 것도 수학 공식처럼 만들어놓은 학교 자료가 있는데, 그 공식은 이제 나의 지식이 되었다.

실무에 들어와서, 식당을 운영하면서 손님에게 판매할 메뉴를 짜야 하는 상황이라면, 개발하는 과정 자체가 다르다. 시장 상황을 면밀히 고민해야 하기 때문이다. 재료를 선정할 때는 우선 한 번 나오고 마는 것들은 멀리할 수밖에 없다. 그리고 가격도 합리적이어야 한다. 예를 들어, 귀한 산삼을 캤다. 오늘밖에 안 나온다. 가격이 비싸다. 그럼 메뉴로 만들 수 없다. 물론 하루 이벤트로 활용할 순 있겠다. 예전에 자연산 송이를 우연하게 구했는데 수급이 계속될 수는 없어서 그날 오신 손님들에게만 제공했다. 그러면서 미리 얘기하진 않았다. 그래도 "오, 이런 게 들어 있네?" "요즘 송이 비싸다던데?" 하는 손님도 꽤 많았다. 행운을 알아보는 손님의 반응을 보는 게 소소한 즐거움이었다.

공급이 지속적이고 가격이 합리적인 재료가 선정되면, 코스의 경우 전채, 메인, 디저트 중 어느 쪽에 넣을까, 순서를 결정하면서 동시에 구울까, 찔까, 튀길까, 조리법도 결정한다. 재료에다 아이디어를 대입해보는 것이다. 결국엔 자유롭게 내 마음대로 정하는 건데, 적당히 절제를 한 '마음대로'다. 너무 가볍고 기발한 것만 좋아서 음식을 만들어 내면 손님한테 난데없이 "메롱!" 하는 것 같은 느낌이 든다. 그래서 좀 묵직하게 보수적으로 선택을 하려고 하는데 나는 이걸 책임감으로 표현하곤 한다.

내가 좋아하는 새조개로 예를 들어보겠다. 봄이 제철인데, 수급과 가격이 괜찮다면 구입을 한다. 그러면 기본적인 손질법은 정해져 있으니, 머릿속에 내장된 몇 개의 레퍼토리 중 적절한 것을 끄집어내 조합한다. 1) 살짝만 데쳐서 봄 채소와 같이 된장에 무칠까? 2) 중간에 술 안주로 내면, 젓갈에 버무려서 뜨거운 불판에 살짝 구울까? 3) 밥을 뜸 들일 때 석쇠에 살짝 구운 새조개를 넣고 조개솥밥을 만들어볼까? 4) 잘 손질해서 간편하게 횟감으로 쓸까? 이렇게 머릿속에서 매칭을 해보는 것이다. 그중에 하나를 선택해서 최종 메뉴로 만들고 나서는 손님들의 반응을 본다. 첫 반응이 좋든 안 좋든 그래도 세 번은 낸다. 전반적으로 반응이 괜찮다 싶으면, 새조개가 나오는 동안에는 이 메뉴로 쭉 간다.

다음에 이런 재료가 들어오면 이런 걸 만들어봐야지 하는 생각들은 요리를 하다보면 매일 자연스럽게 떠오른다. 그럴 때마다 메모를 많이 해둔다. 그렇게 시뮬레이션을 해보는 게 생활이다. 대부분 요리사들이 그럴 것이다. 매일 먹는 밥에서, 마트에서 본 새로운 상품에서 영감을 얻는다. 메뉴에 관한 메모가 아무리 많아도 그중에서 몇 개나 현실화시키느냐가 관건이다. 이제는 실무 경험도, 책에서 배운 지식도 쌓이다보니 레퍼토리가 늘어나서 조금 편해졌다. 예전에는 고민을 할 때마다 일을 멈추고 주방을 벗어나 책상에 앉아 공부하는 시간이 필요했는데, 지금은 그 시간이 살짝 줄어든 것이다.

방송에서 하는 음식의 아이디어를 얻는 건 또 다른 일이다. 서바이벌 프로그램에서 필요한 건 센스인 것 같다. 레퍼토리가 기본적으로 준비되어 있는 상태에서 순간적으로 머릿속 CPU가 마구 돌아가면서 뭐 하나 탁 걸려드는 게 있어야 한다. 그래서 운이라고밖에 표현을 못 하겠다.

〈냉장고를 부탁해〉에서는 오히려 조건이 한정되니 새로운 게 튀어나온다. 내가 원하는 걸 100퍼센트 할 수 없으니 임기응변을 하는 것이다. 나는 냉장고를 작은 시장이라고 생각했다. 그 시장에 나온 재료를 이용해 딱 한 끼만 만들면 된다. 그러니 내가 익숙한 재료를 빨리 찾아낸 다음 머릿속 조리법을 대입해서 메뉴를 결정하는 것이다. 특이한 걸 해서 사람들을 놀라게 해줘야지 하는 마음은 가질 여유가 없다.

11
나의 요리

요리에서 시간이란 투자금이라고 생각한다. 물론 그 시간이 요리에 가치를 더한다는 전제라면 말이다. 투자금이 착실하게 들어간 공사는 부실해질 염려가 적어지고 튼튼한 건물이 세워질 가능성이 커진다. 나는 실제로 돈이 많이 없으니 요리에 시간을 넉넉하게 투자하려고 한다. 시간을 적게 들일 때보다 많이 들일 때 요리가 나아진다는 게 나의 믿음이다.

 며칠을 준비한 음식이어도 먹는 데는 몇 분 걸리지 않는다. 요리는 어차피 사라지는 것이다. 아무리 훌륭한 음식도 박물관에 전시해놓을 수는 없으니 기본적으로 소멸할 것을 염두에 두고 하는 게 요리다. 오히려 빨리 사라지면 기분이 더 좋다. 방치되지 않고 갓 만들어낸 좋은 상태에서 누군가의 손이 먼저 찾아간다면 요리의 목적을 다한 것이다. 그렇게 적절한 타이밍에 사라지게 하기 위해 우리는 요리에 시간을 투자하는 것이 아닐까?

　멋진 요리가 앞에 놓이면 감탄과 함께 먹기 아깝다고 말하는 사람들도 있지만, 나는 워낙 담음새를 크게 신경 쓰지 않아서 그런지 내가 한 요리로 그런 말을 들어본 적은 없다. 부수고 뜯어서 입에 넣어 확인해야 하는 게 음식이니 어떤 요리를 보고 먹기 아깝다는 생각도 안 해봤다. 그래도 모양을 잡기 힘든, 부드럽게 삶은 생선이나 고기처럼 흐물흐물해진 재료들을 우연히 잘 쌓아서 구도가 잘 잡히는 순간이 오면 나는 바로 사진을 찍는다. 그게 우리 앞에 놓인 음식을 기억하는 방식인 것 같다.

　누군가의 앨범 속 요리 사진처럼, 내 기억 속에 남아 있는 나의 요리가 있을까? 있다면 무엇일까? 그게 내가 만든 최고의 요리를 묻는 질문이라면, 나는 아직 덜 만들어봤으니 앞으로 '베스트'가 있을 것이라고 답하겠다. 하지만 나의 요리에 얽힌 추억을 말해보라고 한다면 아쉽게도 떠오르는 게 없다. 나는 요리를 내 직업이자 생업으로만 받아들였던 것 같다. 그래서 요리로 꾸려나가는 생활은 늘 팍팍했고 요리를 하는 내 마음은 말라버린 물티슈처럼 건조할 때가 많았다. 내일 장 보러 가서 뭘 사지? 다음 주 메뉴는 뭘로 하지? 늘 그런 고민뿐이었다. 내가 가진 이 기술로 가까운 사람들에게 큰 기쁨을 줘야겠다는 생각을 못 했다. 나는 끼니를 위한 게 아니면 가족에게도 기억에 남을 만한 음식을 만들어준 적이 없다. 내가 살아온 인생의 반 이상 동안 해온 요리는 대체 나에게 무엇이었을까? 이 글을 쓰면서 생각해본다. 늘 당연한 듯 함께 살아가지만, 고맙다고 사랑한다고 말해본 적 없고 툴툴거리기만 했던, 그래도 늘 애틋함을 품고 있는 가족 같은 존재 아니었을까?

나는 아이에게도 제대로 준비한 요리를 해준 적이 없다. 아침을 챙겨주려고 계란프라이를 해주고, 요거트를 내주고, 낫토를 비벼주는 정도였다. 사실 앞으로도 아이를 위한 요리는 되도록 안 하고 싶다. 그냥 아이와 함께 이 세상의 맛있는 것을 같이 먹으러 다니고 싶다. 하지만 아이가 나중에 커서 어떤 음식에 대해 생각해보고 나에게 진지하게 '주문'을 한다면, 그때는 기쁜 마음으로 요리를 하게 될 것이다. 아빠가 어떤 스타일의 요리사인지 아이가 알게 된다면 시간을 많이 투자해야 하는 요리를 해달라고 하겠지. 나는 전혀 망설임 없이 며칠의 공을 들여서 음식을 만들고 순식간에 아이가 먹어주길 바랄 것이다. 내가 아이에게 해준 첫번째 요리. 그게 아이의 기억에 인상적으로 저장될지는 모르겠지만, 아마 내 기억에는 평생 남을 '나의 요리'가 될 것 같다.

그리고 막연하게 상상을 해본다. 언제가 될지, 가능은 할지 모르지만, '나의 요리'를 위한 작은 주방이 하나 있으면 좋겠

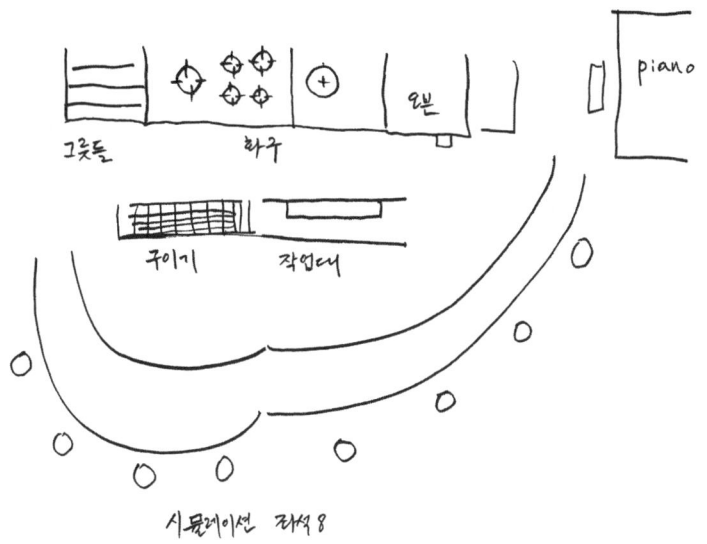

다. 초등학생 실험실 같은 나만의 작업실. 그 안에서는 시간이 멈춘 듯한 느낌이 들지 않을까? 그 주방에서 그동안 빼곡하게 메모해놓은 수첩들을 가득 쌓아놓고 음식을 하나씩 실제로 만들어보고 싶다. 그렇게 자연스럽게 레퍼토리를 늘려보고 싶다. 정말 어깨에 힘을 다 빼고, 이렇게 해볼까 저렇게 해볼까 호기심만으로 요리를 하는 것이다. 결과물이 어떻든 부담은 없을 것이다. 아이들은 진짜도 아닌 요리를 하면서 소꿉놀이를 엄청 진지하게 한다. 나도 나만의 공간에서 아이들의 소꿉놀이처럼 재미를 위한 요리를 아주 진지하게 해보고 싶다. 그러면 한동안 잊었던 요리의 즐거움을 다시 찾고, 요리하길 잘했다는 생각이 들 것 같다.

식당을 한다는 것

1
출근

새벽 4시 반쯤 눈이 딱 떠진다. 일어날 시간이다. 나는 아침잠이 없다. 주말에 늦잠을 자는데 6시에 눈을 떴다가 더 자도 되는구나, 기쁜 마음에 다시 자고 8시에 일어난다. 컨디션이 무너졌을 때 평일 아침 8시에 눈을 뜬 적이 있었다. 바로 앞구르기를 해서 집을 나왔다. 그런 사고는 지금까지 몇 번 손꼽을 정도다. 어떤 상황이든 가게의 새벽을 여는 건 나의 역할이라고 생각한다. 출근길, 운전을 하면서 라디오를 듣는다. 시사 프로그램이나 클래식 채널을 맞춰놓는다. 유튜브를 틀어놓고 소리만 듣기도 한다.

새벽 5시 반이면 식당 네오의 문을 연다. 여름에는 문을 열자마자 실내의 꽉 찬 습기와 어젯밤의 여운이 훅 끼친다. 구운 고기 냄새, 흘린 술 냄새, 사람 냄새. 겨울엔 바깥과 다르지 않은 한기가 폐 속으로 훅 들어온다. 굉장히 차가워서 냉정하다. 너 오늘 못하면 죽었어, 한마디 듣는 것 같다. 그래도 어제 장사가 이어지고 있는 것 같은 여름보다 새로 시작하는 듯한 겨울이 낫다.

정면의 주방 불만 켜고, 가게에 하나뿐인 테이블이 있는 방에 가서 불을 켜지 않고 앉는다. 아, 또 왔다. 전날 회식을 했다면 서너 시간 만에 다시 나온 것이다. 어떤 상황이든 아침 시간에는 이곳에 앉아 있어야 마음이 놓인다. 잘 도착해서 어제와 같은 하루가 반복되고 있음을 느낄 때, 휴일이 며칠 남았다는 계산도 되면서 안도감이 든다.

그 공간에서의 30분은 하루를 위해 몸을 데우는, 말 그대로 예열의 시간이다. 예열은 집에서 하고 나올 수 없다. 장사를 하는 현장에서 시작해야 한다. 그 자리에 앉아서 오늘 할 일을 머릿속으로 정리해보고 계획을 세운다. 그러다 시간이 남으면 불을 켜고 요구르트를 마시며 레시피를 정리하거나 책을 넘겨보기도 한다. 그냥 멍하니 있을 때가 많다. 그러면 이런저런 생각이 꼬리를 문다. 이러다 죽겠지, 이 생활의 끝은 어딜까. 그러다가, 이번 휴일에 아이와 어디로 놀러 갈까, 주방을 떠나서 할 일들을 생각하면서 자칫 어두워지는 생각들을 중화시킨다. 어젯밤 꿈을 찬찬히 복기하다가 로또 번호가 떠오르는 순간이 있는데, 그럴 때마다 늘 식당 한구석에 몇 장씩 쌓아둔 로또 용지를 집어든다. 그래도 큰돈이 당첨된 적은 한 번도 없다. 비가 추적추적 내리면 괜히 비련의 주인공이 되어 창밖을 물끄러미 내다본다. 눈도 침침하면서. 눈이 쌓이는 날은 운전길도 위험해지고 예약 취소도 많을 것 같아 두렵다. 눈이나 비가 바다가 뒤집어질 만큼 많이 오면 오늘 재료 수급이 제대로 되려나 걱정이 커진다. 그래도 새벽의 이 시간이 없다면 하루를 버틸 수가 없을 것이다.

오래 서 있는 일을 하다보니 환절기 때 허리디스크가 한 번씩 심하게 찾아오는데 그러면 움직일 수가 없어 정말 난감하다. 한번은 출근하자마자 다리가 너무 저려서 의자를 붙이고 누웠다. 몸을 간신히 틀어서 일어나려고 했는데 통증이 심해서 그냥 계속 누워 있었다. 식은땀이 나기까지 했다. 그날따라 그 새벽에 동생이 와서 어제 술 많이 먹고 뻗은 거냐며 한 소리를 했다. 나의 아침 시간은 그런 게 아닌데. 하루 중에 머리가 제일 맑은 시간인데.

2
장보기

아침의 고요한 시간이 생긴 것은 장보기 방식이 달라진 덕분일 것이다. 예전의 장보기는 발품을 팔아야 하는 일이었다. 아무것도 배운 게 없던 시절의 장보기는 정말 '몸을 갈아넣고 시간을 태우는' 일이었다.

스물네 살 때였다. 초밥을 해보고 싶어서 스시아카데미라는 학원을 다녔다. 배우다보니 캘리포니아롤이 너무도 확실한 사업 아이템으로 보였다. 그런데 자금이 있을 턱이 없어서 같이 학원을 다니던 사람과 동업을 하기로 했다. 그렇게 서울 신촌 기찻길에 캘리포니아롤 가게를 열었다.

당시 우리 집은 송파 쪽이어서 집과 가게가 너무 멀었다는 게 예고된 악재였다. 밤 10시에 마감을 하고 한 시간쯤 동업자와 하루 장사에 대해 얘기를 하고 퇴근을 해서는 집에 가서 네 시간 잠만 자고 새벽 5시에 집에서 나왔다. 그렇게 일찍 출근을 해야 했던 건 우리 집이 가락동농수산물시장과 가깝다는 이유로 장보기가 내 몫이었기 때문이다. 젊을 때 고생은 사서 하는 거라고 믿었던 시절이어서, 나중에는 신촌에 하숙집을 구했다. 그래 봤자 잠만 잘 수 있는 골방 한 칸에 가구도 없고 이불, 칫솔이 전부여서 방에 들어가면 방바닥의 직사각형 모양이 그대로 보였다. 방 안에서 슈우욱 바람 지나가는 소리, 공기가 벽에 퉁퉁 부딪히는 소리가 들렸다. 좀 무서웠다. 내일 아침 내가 변사체로 발견돼도 아무도 모르지 않을까 생각이 들었다.

장사를 마무리할 때가 되면 다음 날 새벽 장보기 때문에 마음이 급해졌다. 그런데 나는 수산물을 취급한다는 것의 의미를 잘 몰랐다. (사실 아는 게 거의 없었다.) 수산물 시장은 새벽 일찍 연다. 그리고 신선도가 핵심인 수산물은 대량구매가 어렵다. 수족관이 있는 큰 가게가 아니라면 매일 쓸 만큼만 사둬야 한다.

새벽 5시가 좀 넘은 시간에 시장에 가면, 두 시간 동안 카트를 끌고 가락동 시장 여기저기를 돌아다녔다. 장보기의 노하우라는 게 아예 없는데 좋은 물건을 고르겠다는 마음뿐이니 몸을 혹사시킬 수밖에 없었다. 생선의 신선도를 눈으로 확인할 수 있는 실력이 안 되니 무조건 살아 있는 생선만 샀다. 그래서 그 자리에서 잡아 대강 손질해주는 것을 사거나 아예 활어를 '물봉'해달라고 했다. 신선도를 확인한다기보다 그저 생선을 가게로 가져가는 데 급급했던 것 같다. 가뜩이나 가게가 머니까 장 보는 내내 불안했다. 채소도 가락동에서 살 수 있었는데 일식 식재료를 구하려면 노량진수산물도매시장에도 들러야 했다. 그렇게 바리바리 싸들고 한 시간 넘게 운전을 해서 가게로 갔다. 점심 장사를 하려면 8, 9시에는 출근을 해야 했으니까. 하루에 쓸 에너지가 아침에 거의 다 방전되는 느낌이었다. 초보였던 나에게 장보기란 본격적인 조리 작업의 능률을 떨어뜨리는, 엄청나게 비효율적이고 소모적인 일과였다.

사실 업계에서 '나카마'라 불리는, 전화로 주문하면 장을 봐서 가져다주는 업자들이 있었지만 나는 그런 대행 서비스의 존재조차 알지 못했다. 창업 전에는 장보기에 대한 생각 자체를 못 했던 것 같다. 가게를 운영하는 데는 여러 가지 요소가 필요하다는 걸 모르고 장사를 시작한 셈이다. 이 캘리포니아롤에 이런 소스가 들어가면 맛있겠다, 이렇게 만들면 대박이겠다 같은 음식에 대한 고민만 있었다. 음식에 맛을 낼 준비가 다 돼서 공간만 있으면 되겠다 싶을 때 가게 문을 열었더니, 그 속에는 엄청난, 그만큼 돌이킬 수 없는 우주가 펼쳐져 있었다.

그때와 비교하면 식당 네오에서 장보기는 혁명에 가까운 변화였다. 손가락만으로 온라인과 모바일로 장을 보는 시대. 경상도, 전라도, 제주도, 농촌, 산촌, 어촌의 모든 식재료가 인터넷에 들어와 있다. 송이버섯을 검색하면 송이버섯 리스트가 주르륵 나오니 정말 편해졌다. 가게 안의 모든 것을 인터넷으로 고를 수 있는 신기한 세상이다. 그러니 장보기란 '굳이' 가야 하는 시장과 '굳이' 직접 가보지 않아도 되는 시장으로 나뉘었다.

소 부속물, 수입 식재료는 신선도와 가격 때문에 굳이 시장에 가서 사는 편인데, 판매업자와 신뢰를 쌓으려는 목적도 있다. 전화로 주문하면 성에 안 찰 때가 종종 있지만 직접 얼굴을 마주하면 좋은 물건을 준다. 구하기 어려운 걸 구해주기도 하고, 잘라달라고 하거나 얼음을 받쳐달라고 요청하기도 편해진다. 그렇게 신뢰가 두터워지면 무엇보다 말을 많이 안 해도 된다는 장점이 있다. 내가 뭘 원하는지 상대가 알고 있으니까.

업자들과 친해지기 위해 말을 붙여가며 친해지는 스킬을 쓰는 사람들도 있지만 나는 그런 것에 익숙지 않다. 시장에 가면 혼자서 자판기 커피 한 잔을 마시려고 해도 "장사 좀 어때요?" 하면서 말을 거는 사람들이 많다. '어제도 물어보셨잖아요'라고 답하지는 않지만, 괜히 곤란해진다. 그래서 마음에 드는 가게가 생기면 그냥 자주 간다. 지나가다가 그 앞에 서 있는다. "사장님, 또 오셨네!" 하고 알은척을 하면 "아, 네. 다음에 다시 올게요." 하고 간다. 그러고 그다음 날 또 가서 서 있는다. 그러다 그 물건이 필요하면 산다. '얼굴을 계속 보여준다'는 걸 실제로 하는 것이다. 가만히 서 있으면서 내 모습을 각인시킨다. 새벽 그 시간에 늘 나타나 서 있는 사장이 되는 게 내 나름의 장보기 시스템 구축의 노하우일지도 모르겠다. 그러다 '굳이' 직접 가보지 않아도 되는 장보기를 하는 날은 몸과 마음이 편하다. 다른 일에 더 집중할 수 있는 체력을 비축해두는 것 같다.

요즘엔 변덕스러운 날씨 때문에 생선 수급이 안 될 때가 있다. 이런 기후변화의 시기에는 주문을 하거나 메뉴를 구성할 때도 신경이 고슴도치처럼 뾰족뾰족 서 있다. 그래도 그런 돌발상황에 대비가 어느 정도는 돼 있다. 냉동실에 반조리한 생선과 고기를 늘 준비해놓는다. 생선이 안 들어온다는 사실을 당일날 알게 되는 경우도 있기 때문이다. 새로운 재료를 사서 급하게 만드는 일은 없다. 그런데 냉동실도 만년 보관이 가능한 게 아니라서 준비해둔 메뉴는 자체적으로 소비기한을 정해놓는다. 빠르게 판단할 수 있게 머리가 계속 뱅글뱅글 돌아가고 있어야 한다. 작은 가게를 운영한다는 것은 책임을 혼자 짊어지고 가는 것이다. 물건이 없어도 내 책임, 비상상황에 대처를 못한 것도 내 책임이다. 캘리포니아롤 가게를 할 때는 생선 수급이 안 되면 그 메뉴를 빼버렸다. 재료가 안 들어오는 걸 마이너스라고 하면 무언가 플러스해서 해결하는 게 아니라 마이너스를 마이

너스로 막은 것이다. 임기응변 능력도 경험으로 늘게 된다.

물건을 잘못 사오는 일은 요즘도 있다. 빈도가 낮아지는 것뿐이다. 새로운 식재료를 사용해보려고 기본 포장량이 큰 외국제품을 사서 낭패를 보는 경우가 있다. 액상버터 1.5리터를 주문해서 요리에 실제로 활용해봤더니 생각과 다른 결과가 나왔다. 단순 테스트를 위해서 아주 적은 양만 필요했는데, 졸지에 한 통이 그대로 남은 것이다. 다른 데 쓰지도 못하고 남아 있는 재료를 볼 때마다 죄스럽다. 새로운 걸 만들기 위해 시도하는 단계에서 이런 실수를 많이 한다. 그래도 노하우가 좀 생기면, '나중에 다른 데 쓰면 돼'라는 말이 나오기도 한다.

예전에는 주문 마감 시간이라는 게 있었다. 그 시간을 넘기면 다음 날 주문해야 한다. 요즘은 필요한 물건이 생각날 때마다 가게에 있는 칠판에 메모를 해뒀다가 바로 주문할 것들은 거래처 사장님과의 카카오톡 대화방에 남겨놓으면 된다. 아니면 자기 전에 쿠팡 같은 쇼핑몰에서 검색을 해서 주문을 해둔다. (그러다가 릴스 보기로 빠지기도 하지만.) 그러면 다음 날 새벽에 물건들이 문 앞에 와 있다.

여전히 장보기는 예나 지금이나 중요하지만, 장보기가 일과 안으로 스며들면서 일이 많이 줄었다. 몇 번의 시행착오를 통해 좋은 업자들을 만나서 온라인으로 주문하는 시스템을 구축해놓은 덕분이다. 예전에는 발품을 팔아야 했는데, 요즘에는 눈품을 팔아야 한다. 체력보다는 눈 건강이 중요해진 건가.

3
재료 밑손질

아침 6시 반에 문 앞에 쌓여 있는 택배 상자들을 가게 안으로 들여놓는다. 매일 받는 상자는 열 개를 넘기지 않으려고 한다. 몰아서 받으면 정리하는 데 시간도 많이 걸리고 재료의 신선도가 안 좋아질 수 있어서다. 택배로 장보기가 편리해진 만큼 비닐과 플라스틱 포장 쓰레기들이 너무 많아져서 지구에게 미안해지는 순간이다.

식당 네오는 메뉴가 다양해 재료 품목도 많다. 먼저 '군'을 나눈다. 냉동군, 냉장군, 세척군, 상온군. 사실 일찍 출근해야 하는 이유 중 하나가 바로 이 냉동군 처리다. 특히 여름에는 가능한 한 빨리 냉동실에 넣어둬야 한다. 그다음 냉장군은 냉장고에, 세척군은 싱크대로 보내고, 바로 손질해야 하는 것들, 나중에 해도 되는 것들까지 세부적으로 분류한다. 마지막으로 상온 보관이 가능한 상온군을 정리한다. 포장박스와 포장용기 분리

배출까지 마치면 7시쯤, 이제 본격적인 손질이다.

싱크대 쪽에 늘어놓은 것은 수산물과 채소다. 아침에는 신선도가 중요한 생선이 우선이다. 우리 식당은 나와 직원 둘뿐이라 생선을 많이 받지는 못한다. 특히 정어리나 꽁치 같은 작은 생선은 한 번에 들여오는 마릿수가 많으니 한두 시간 안에 손질을 하기가 어려워 쓰고 싶어도 못 쓴다. 구이용 생선이 메뉴가 되는 날이면 점심 시간까지 생선 손질만 하기도 한다.

10년 전 식당을 했을 때는 생선 손질하는 곳에 작은 주방 창문이 있었다. 창문 앞에서 생선 비늘을 긁고 있으면 주변 회사로 출근하는 직장인들이 보였다. 늘 같은 시간에 생선 손질을 하는 나와, 늘 같은 시간에 출근하는 그들이 서로 얼굴을 익히게 됐다. 눈이 마주치면 가볍게 목례를 하기도 했다. 묘한 동질감이 느껴졌다.

식당 네오에는 창문이 없다. 혼자서 매일 반복되는 일을 하고 있으면 시간 개념이 없어지곤 한다. 그래서 일부러 목표를 세워본다. 5분이라도 시간 단축을 해보려고 타이머도 맞춰놓는다. 누군가 지금 나를 감독하고 있다면 나는 게으름 피우지 않고 잘하고 있는 걸까 생각도 해본다. 그래서 손질에 들어가기 전에 필요한 도구들을 정리해둔다. 흐름이 끊어지지 않게 하는 게 중요하다. 생선을 잡아야 하면, 도마, 버릴 것들 분리해놓는

트레이, 바른 살을 놓을 트레이 등을 잘 세팅해두는 식이다. 먹을 것, 먹을 수 없는 것을 함께 담지 않아야 한다. 그러고 나서는 몸을 더 빨리 움직이는 것밖에 방법이 없다.

    그렇다고 적막한 건 아니다. 오히려 계속 음악을 흘려두면 딴생각이 들지 않고 일에 집중할 수 있다. 그래서 늘 노동요를 틀어놓는다. 처음엔 명상 음악도 듣고 하드록도 들었는데, 결국 정착한 건 여자 아이돌 노래 모음이다. (당시에는 남자 아이돌보다

```
1. 피프티피프티   'Cupid'
2. 피프티피프티   'Higher'
3. 오마이걸      '던던댄스'
4. 소녀시대      '다시만난세계'
5. 에스파       'Supernova'
         ⋮
    너무 많아서 이만 줄임.
```

여자 아이돌이 대세였다.) 아이돌 노래의 비트가 일의 속도를 높여주는 효과가 있는 것 같다. 그래서 아이돌 얼굴은 몰라도 노래는 거의 다 알아서 흥얼거릴 수 있다. 야, 이 노래 좋다 하면 다시 듣기 하기도 한다. 피프티피프티의 노래들을 들으면 채소를 들고 하늘을 나는 기분이 된다. 나의 수많은 생선들과 함께한 던던댄스. 칼질할 때 비트를 맞춰준 수-수-수-수퍼노바.

아침 9시쯤 직원이 출근한다. 직원이 출근하기 전에 가게를 깨끗이 해두어야 한다고 생각한다. 출근했는데 가게가 지저분하면 기분이 상할 테니까. 자기가 벌여둔 일은 자기가 정리하는 게 나에게 중요한 원칙이다. 벌이는 사람, 치우는 사람 따로 있는 걸 좋아할 사람은 없을 것 같다.

직원은 늘 1500원짜리 커피 두 잔을 사온다. 커피를 마시면서 30분 동안 오늘 할 일들, 필요한 것들을 점검하고, 어제 손님들의 피드백을 공유한다. 가벼운 잡담이면서도 일종의 조회 같은 것이다. "어제 손님이 짜다고 그랬는데 원인이 뭘까?" 같은 주제로 얘기를 나눈다. 질책하는 차원이 아니라, 우리가 작업을 하면서 놓치는 포인트가 있는지를 짚는 것이 굉장히 중요하다. 직원과 단 둘뿐이면 설령 직원이 명백한 실수를 저질렀더라도 집중 추궁은 못 한다. 그러다 직원이 그만두기라도 하면 더 무서운 상황이 펼쳐지니까. 좀 큰 조직에 있을 때는 짧게

10분이라도 빠지지 않고 조회시간을 가졌다. 어제 있었던 행사, 오늘 있을 행사를 간단히 정리하고, 문제가 있으면 같이 논의해보려고 했다. 뉴스 기사로 보거나 라디오에서 들은 좋은 글귀를 공유하기도 했다. 내 경험담도 얘기해주고, 개인적으로 필요한 지식이 있으면 질문을 빋고 관련 자료를 진해준 직도 있다.

직원과 이야기가 끝나면 일차로 손질해둔 생선을 직원에게 넘기고 나는 전채요리용 채소 손질을 맡는다. 밑손질은 계속 이어진다. 이 작업이 고된 일이긴 하지만, 그렇다고 다른 일이 쉽다고 말할 순 없다. 식당에서의 하루 업무는 유기적으로 연결되어 있는 한 덩어리 같아서 영업 시간 전에 하는 모든 일은 경중을 나누긴 어렵다.

4

점심 식사와 오후 시간

점심 장사를 하면 오전에 마음의 여유가 없다. 아침 시간의 대부분을 점심 영업 대비로 써야 하기 때문이다. 장보자마자 재료 손질해서 테이블에 내갈 만큼의 준비를 오전에 끝내야 하는데, 11시에 맞추기도 빠듯하다. 점심과 저녁 메뉴가 같은 곳도 있지만, 점심은 좀 저렴하고 가벼운 메뉴로 운영하는 곳도 많은데, 그렇게 단가는 낮아지더라도 점심 시간의 테이블 회전수를 생각하면 직원이 더 투입돼야 한다. 점심 장사까지 고려하니 체력적 한계도 있고 운영상의 문제도 만만치 않았다. 실제로 해봤다가 악순환이 반복되는 모습이 그려졌다. 그래서 애초에 과감히 포기했다. 차라리 주 5일 영업하고 예약을 꽉 채우도록 노력하는 게 효율적이었다.

    오전 11시 반이 되면 점심 시간, 나에게는 하루의 처음이자 마지막 식사 시간이다. (점심 장사를 한다면 3시쯤 점심을 먹었을 것이다.) 식당을 하려면 잘 먹고 힘을 내야 하는데, 나는 별로 배가 고프지 않아서 하루에 한 끼만 먹었다. 지금 생각해보면 정상은 아니었다. 그때 살이 쑥 빠졌다. 물론 식당을 쉬는 일요일과 월요일에는 가족들과 정상적으로 밥을 먹는다. 그러니까 버틸 수 있었겠지.

일본 식당에는 '마카나이まかない'라는 말이 있다. 식당에서 만드는 직원용 식사를 가리키는데 그게 정식 메뉴가 되기도 한다. 식당 네오의 직원이 둘이었을 때는 그날 들어온 재료들을 늘어놓고 직원들에게 마음껏 음식을 만들어보라고 했다. 나중에 각자 식당을 오픈할 때를 대비해서 연습을 해보라는 의도였다. 그래서 직원들도 공부를 해와야 한다.

내가 직접 점심을 만들어준 적도 많다. 국물로 국밥도 끓여주고, 남은 회도 같이 먹었다. 그렇다고 질이 떨어지는 것은 절대 아니다. 우리도 좋은 상태의 재료로 만든 음식만 먹는다. 요리를 하는 사람들로서 우리의 입맛도 높여야 하니까. 그러고 보면 직원용 식사는 여러모로 가게에 도움이 된다. 재고가 제때 소진되면서 순환이 잘되고, 직원들 영양 보충도 된다. 직원용 식사는 무조건 넉넉하고 맛있어야 한다. 우리 직원이 어디 나가서 "밥은 잘 먹고 다니냐?" 질문을 받으면 "예, 잘 먹고 다녀요!"라고 답할 수 있게 해주는 게 목표였다. 요즘 젊은 직원들은 먹성이 좋았다. 라면도 기본 서너 개, 계란프라이도 네다섯 개는 먹었다. 평생 곱빼기 한 번 안 먹어본 나로서는 놀라울 뿐이다.

그러다 한 명이 그만두고 한 명만 남았을 때는 그냥 같이 나가서 사먹었다. 하루 유일한 식사가 외식이라 매일 점심이 매우매우 기대가 되었다. 하지만 빨리 먹고 들어와야 휴식을 취할 수 있으니 갈 수 있는 곳이 한정적이었지만, 주변의 모든 식당을 테스트해봤다. 한식 뷔페를 일주일 내내 가서 전체 메뉴를 다 맛보거나, 런치 특선 있는 곳이면 반드시 가본다. 이렇게 다녀보는 것 자체가 재미였다. 그런데 나는 무언가에 꽂히면 그것만 먹는다. 같이 간 직원은 여러 메뉴를 다 골라 먹어보는 동안, 나는 삼전동의 오래된 중국집 짬짜면만 3개월을 먹었다(토요일은 탕수육 추가). MZ세대 직원 덕분에 짬짜면 말고 '볶짬' '탕짜' '탕짬'이라는 메뉴도 알게 됐다. 그리고 나서는 쌀국수 전문점의 차돌양지힘줄쌀국수만 5개월을 먹었다. 쌀국수는 뿌리는 소스 양을 조절하면 매일 미묘하게 다른 맛으로 먹을 수 있다. 같은 것만 먹고 고생했다는 게 절대 아니고 나에게는 행복하고 즐거운 기억이다.

돌아와서는 휴식이다. 누울 데가 없으니 각자 앉아서 잔다. 밥 먹고 나서 이 한 시간이 정말 꿀맛이다. 오후 2시가 되면 잠에서 깨서 청소를 시작한다. 청소기로 바닥 청소를 하고, 테이블을 닦고, 식기류를 세팅한 뒤 화장실을 치운다. 가게와 화장실에 향을 하나씩 피우면 끝이다.

그러고 나면 3시 반이다. 준비 단계의 마무리 작업이다. 다시 주방으로 들어와 테이블로 횟감을 정리해두고 썰어둘 것들을 썰어두고 음식을 내가기 직전 상태로 준비한다. 영업 시간은 재료의 조립과 익힘 정도만 할 수 있게 하는 것이다.

가게의 주방은 좁았다. 그래서 동선도 그 안에서 할 수 있는 걸 다 해야 했다. 전자제품인 조리기구들은 사이즈가 작은 가정용을 사용했다. 전기 용량도 고려해야 했다. 오븐, 밥솥, 전자레인지, 진공포장기 정도가 전부였다. 이것저것 하고 싶은 마음을 누르고 현실을 따라야 하는 답답함은 늘 있었다.

5
손님 맞기

오후 5시부터는 손님이 올 때까지 다시 쉰다. 책을 좀 읽을 때도 있고 눈을 좀 붙일 때도 있다. 손님이 6시에 오는데 6시까지 작업을 하고 있으면 안 된다. 손님을 맞을 때 중요한 것은 직원들의 컨디션, 기분, 정신상태다. 동어반복 같지만, 맞이하는 사람이 잘 맞이해야 하는 일이다. 그래서 좋은 서비스가 나오려면 손님이 오기 전에 최소한 한 시간 동안은 에너지를 충전해둬야 한다. 외출하기 전에 핸드폰 배터리를 완충해놓는 것과 비슷하다. 점심 먹고 한 번 충전하고 영업 직전에 재충전. 나는 배터리가 빨리 닳는 편이니까.

직원이 여럿인 식당에서 일할 때는 접객은 내 파트가 아니어서 크게 신경 쓸 일이 없었지만, 작은 가게에서는 내가 직접 직원들에게 사전에 주의를 줄 필요가 있는데, 네오의 직원은 알아서 잘했다. 그래서 내가 하는 말은 길지 않았다. 인사는 눈까지는 안 마주치더라도 고개를 들고 손님을 향해 하는 것이라는 점은 꼭 짚고 간다. 그리고 사고가 터졌을 때는 큰 틀에서의 대처만 통일해둔다. 예를 들면, 손님과의 논쟁은 의미가 없다. 더 큰 화를 불러일으킬 뿐이다. 제일 좋은 상황 정리는 선 사과, 후 조치. "죄송합니다. 확인해보고 처리해드리겠습니다."

같이 일하는 직원은 이 시간이 되면 늘 이런 말을 했다. "아, 오늘은 어떤 손님이 오실까?" 식당 네오는 예약제라서 예약한 손님들의 이름을 보면서 잠깐 상상을 해보기도 한다. 예약제가 아닐 때, 그냥 찾아오는 손님을 받을 때 가장 두려웠던 건 '진상'을 부리는 손님보다 안 오는 손님이었다. 텅 빈 테이블이 제일 무섭다. 나는 날씨가 궂을 때면 길바닥을 내다보는 버릇이 생겼다. 길이 깨끗해야 손님이 온다.

나 같은 내향인은 낯선 손님이 오는 게 스트레스로 느껴지진 않냐는 질문을 하는 사람들이 종종 있다. 사실 음식 내기도 바쁘고 말주변도 없고 상식도 부족해서 손님들과 얘기가 짧게 끝나는 어색한 순간이 많았다. 국제 정세를 말씀하시는 손님에게 "아 예 큰일이네요." 정도의 답이 고작이었다. 코로나19 이후 식당에서 마스크를 쓰니 '스몰토크'가 줄어들었다. 나는 원래 식당에서는 마스크를 쓰는 편이었는데, 물론 위생을 위해 착용한 것이지만 말도 줄일 수 있는 효과도 있었다.

식당은 고정된 장소에서 정해진 음식을 내놓는 곳이다. 그런 공간에서 내 역할이 있으면 나는 그 역할에 충실할 뿐이다. 역할이 시작되면 엉덩이에 힘이 빠짝 들어가서 "어서 오십쇼!" 인사도 크게 한다. 그러다 역할이 끝나면 힘이 쭉 빠지는 그런 생활을 반복하는 것이다. 내향인이라면 알 것이다. 우리는 사회생활을 하기 위해 광장에 나가 '롤 플레잉'을 성실히 그리고 열심히 하고 나서 다시 동굴로 들어온다.

　식당 네오에서는 정해진 코스 요리만 제공해서 손님에게 따로 주문을 받을 필요가 없었지만, 이전 식당에서는 내가 직접 주문을 받을 때도 있었다. 그때 마음가짐은 하나였다. 홀에 나가면 쫄지 말자. 신속하고 정확하게 주문을 받자. 뭐가 맛있냐고 물으면 뭘 좋아하시냐고 되묻기도 했는데, 그러면 안 될 것 같아서 나중에는 오늘 삼치가 들어왔는데, 생물 고등어가 있는데 하며 오늘 들어온 것을 알려드렸다. 뭐가 정말 맛있다고 꼭 드셔보시라고 말하는 건 좀 부끄러워서 항상 얼버무렸던 것 같다.

　〈마스터셰프 코리아 2〉부터 〈흑백요리사〉까지 내가 출연한 방송을 다 보고 식당에 찾아와 이야기해주시는 손님들이 종종 있다. 첫 방송을 봤을 때는 고등학생이었는데 이제 술을 먹을 수 있게 돼서 왔다는 손님, 힘들었을 때 내 유튜브를 보는 재미로 버텼다는 손님, 응원했던 출연자를 보기 위해 조금씩 돈을 모아서 큰맘 먹고 왔다는 손님. 방송의 출연자로서, 또는 시청자로서 각자의 공간에서 공통의 기억을 가지고 식당이라는 공간에서 만나 그 기억을 함께 떠올리는 것. 길게는 십수 년 동안 각자의 시간을 지나 이렇게 건강한 모습으로 대화를 나눈다는 것. 같은 시절을 살아서 추억을 공유하는 느낌이랄까. 식당만 했다면 할 수 없었을 특별한 경험이다.

가장 기억에 남는 손님은 너무 기대를 했는데 음식이 맛없다고 울던 분이다. 우선 우는 모습에 당황했고, 우는 이유를 듣고 나서는 마음이 너무 아팠다. 뭐라 드릴 말씀이 없어서 죄송하다고만 했다. 그 눈물이 내가 분발할 수 있게 자극도 되었지만 사실 그 후로 오랫동안 자꾸 생각이 났고 그때마다 씁쓸했다. 하지만 그 손님을 원망하거나 탓하지 않는다. 그 순간의 기억이 강하게 남아 있을 뿐이다.

사인을 해달라고 하는 손님들한테는 메시지라도 매번 다르게 쓰려고 노력한다. 특별한 사인도 없는데 메시지도 똑같으면 유니크함이 없으니까. 그런데 어휘력이 많이 달리니 누군가에게 '건강하세요'라고 적어드렸다면, 다른 분한테는 최소한 '건강하세욥'이라도 써드리려고 한다.

6
메뉴

식당 네오에서 단품 메뉴를 안 한 건 감당하기가 어려웠기 때문이다. 혼자 하는 식당에서 메뉴 수가 열 가지라면, 메뉴당 다섯 접시씩만 준비해도 총 50접시다. 그래서 식당 네오만의 고정 코스를 만들었다. 음식 여러 개로 타이트하게 진행되는 코스 하나를 만들면 손님마다 비슷한 시간에 식사가 시작되니 예측 가능한 흐름대로 음식을 낼 수 있다.

그런데 한번 손님이 왔다 간 테이블에 다시 손님을 받을 수 없는 구조였다. 식당은 하루 하고 하루 쉬는 곳이 아니니 운영의 연속성을 생각해서 손님을 받을 수 있는 만큼만 받는 게 맞는 것 같다. '한 타임'을 더 돌리면 다음날 부하가 걸리기 십상이다. 물론 메뉴 수를 줄이고 가격을 낮추면 먹는 시간도 줄어들어 다음 손님을 한 번 더 받을 수 있겠지만, 그건 내가 원하는 방향이 아니었다.

식당 네오의 코스 메뉴는 작은 접시 요리를 여러 개 제공해보자는 콘셉트였다. 그게 '네오Neo'라는, '올드'하면서(오래전부터 쓰였지만) '뉴'한(새롭다는 의미인) 이름에 걸맞은 구성이라고 생각했다. 스페인식 타파스에 가까운 일본식 소소요리라는 오래된 형식으로, 새로운 음식을 한 접시씩 계속 먹으면서 술을 만족스럽게 마실 수 있게 한 것이다. 그러다보니 배가 너무 부르다는 컴플레인도 있었다. 배부른 게 불만이 될 수도 있다는 걸 처음 알았다. 심지어 코스가 안 끝났는데 도중에 가는 손님들도 있었다. 배부르다는 말 앞에 '맛은 괜찮은데' 한 마디 들어가 있었으면 그 와중에라도 좋았겠지만.

코스를 짤 때, 작은 접시들을 한데 모아두고 보면 '육해공', 즉 고기, 해산물, 가금류가 하나씩이라도 들어가야 한다는 것이 기준이었다. 순서는 내 감에 의해서 결정했는데, 기본적으로 일본 가이세키에서 제공하는 순서와 비슷하다. 가이세키의 핵심은 완사시椀刺라고 하는데 완모노(국물요리)와 사시미(회)다. 완모노로는 요리의 베이스가 되는 육수를 내는 식당의 수준을 알 수 있고, 사시미로는 재료의 신선도를 엿볼 수 있다. 보통 가이세키에서는 완사시가 먼저 나온다. 식당 네오에서도 아뮈즈부슈(식전에 입맛을 돋우는 요리) 한 접시가 나가고 바로 완사시가 나간다. 그러고 나서 구이, 튀김, 찜이다. (순서를 특정하진 않는다.) 고기가 메인 요리가 되는 서양식 코스 요리와는 다른 개념이었다. 식사라기보다는 술 한 병을 비우는 데 부족함 없는, 두루두루 먹을 만한 음식들을 준비했다.

요리의 이름을 정할 때는 '재료의 나열, 그리고 조리법'이 기본이다. 아스파라거스튀김, 우설탕수, 이런 이름들도 뜯어보면 재료와 조리법의 결합이다. 그런데 주재료와 부재료를 나눠서 표현하기 위해 일반적으로 쓰는 말인데도, '곁들인'이라는 단어는 최대한 쓰지 않는다. 이제 내 입에서는 자연스럽게 안 나온다. 식당이란 공간에서 장난치는 것처럼 보일까봐 의식적으로 다른 말을 쓰게 된다. 물론 이 말이 나오길 기다리는 손님도 있다.

메뉴를 짤 때면 작업실에서 캔버스에 그림을 그리는 장면이 떠오른다. 같은 재료를 쓰는데도 그림이 잘 그려지는 날이 있고, 안 되는 날이 있다. 결과물에 따라서 기분이 좋기도 안 좋기도 하다. 결과물이란 손님이 먹고 간 테이블 위 그릇이다. 먹는 것도 에너지를 쏟는 일인데 그릇을 싹싹 비워 먹고 격렬하게 반응을 해주는 손님을 보면 그 메뉴는 성공이다.

식당 네오의 메뉴들은 이제 나에게 앨범 속 사진들 같다. 과거가 된 공간, 이제는 영업을 하지 않는 식당의 메뉴는 요리사의 앨범 속으로 들어간다. 그 앨범을 언젠가 펼쳐보면서 아이때 이랬지, 이런 생각을 했었네, 너무 촌스럽구나, 이때가 낫네 하게 되겠지.

7
영업 시간

영업 시간이 되면 주방에서도 모드 변환이 된다. 준비 모드에서 영업 모드로 들어간다. 그러면 준비할 때 지저분해졌던 옷을 닦거나 앞치마를 다시 제대로 묶으면서 자기 자신을 단정하게 가다듬는다. 큰 조직에서는 아예 새 옷으로 갈아입기도 했다.

    손님에게 주문을 받고 음식을 하면서 큰 실수를 한 것은 기억나지 않는다. 하지만 아예 손님을 테이블에도 못 앉게 만든 적이 있었다. 인터넷과 전화로 동시에 예약을 받던 시절, 전화 예약을 누락한 것이다. 하필 그 손님의 생일이었는데 그날따라 만석이었다. 처음에는 무슨 일인지 파악을 못 하다가 내가 예약을 받아놓은 흔적을 찾은 순간, 아찔했다. 정말 쥐구멍에 들어가고 싶었다. 귀가 떨어질 정도로 빨개졌다. 게다가 손님이 꽉 차 있는 상황이라 적극적으로 사과도 못 했다. 다 끝나고 나서 다시 연락을 드려 다음에 다시 오시면 계산 안 하시고 드실 수 있게 해드리겠다고 했는데 다시 오지 않으셨다. 그게 홀에서 저지른 제일 큰 실수였다. 한동안 그 일이 계속 생각이 났는데, 지금 돌이켜봐도 그분께 너무 죄송하고 그때 나는 정말 욕먹어도 싸구나 싶다.

주문을 하고 얼마 만에 음식이 나와야 손님들이 만족할까? 예전 식당에서는 메뉴판에 '스피드'라는 카테고리를 만들어놓은 적이 있었다. 오래 기다리기 싫은 분들을 위해 빨리 나오는 메뉴들만 적어놓은 거였다.

당시에 오래 걸리는 메뉴로 솥밥이 있었다. 기본 13분에, 토핑까지 얹으면 15분이 걸린다. 단품 요리를 하는 식당은 자칫하면 15분에 맞추지 못한다. 다른 메뉴 주문과 엉키거나 솥밥 주문이 많아서 솥밥을 올릴 화구가 남지 않았을 경우가 생기기 때문이다. 15분이나 걸리는 메뉴가 계속 밀리면 주방에서는 공포가, 홀에서는 분노가 치솟는다. 그럴 때는 미리 손님들에게 상황 설명을 하고 더 이상 주문을 받지 않았다. 특히 직장인의 한 시간뿐인 점심 시간이라면 15분은 어마어마하게 긴 시간이니까. 나중에는 미리 전화해서 예약하는 시스템으로 바꿔서 손님이 오시기 15분 전에 밥을 안쳐서 갓 지은 밥을 드시게 해드렸지만, 매번 시간을 잘 맞추기란 쉽지 않았다. 그게 잘된 날은 뿌듯하고 잘 안 된 날은 속상하고 그랬다.

음식이 너무 빨리 나와도 손님들의 의심을 산다. 이거 뭐야, 만들어놓은 걸 주는 거 아냐? 손님들은 테이블에 앉아 먹을 준비를 한다. 겉옷을 벗어 옆자리에 걸치기도 전에, 반찬이 차려지기도 전에 주문한 음식을 놓고 가면 손님으로선 홀대받는 느낌이 들 수도 있다. 빨리 먹고 나가라는 건가 하는. 일률적인 기준이 있을 순 없지만, 그래도 자리에 앉고 나서 10분을 넘기지 않는, 7~8분 지나 음식이 나오는 게 적당하지 않을까 싶다.

〈냉장고를 부탁해〉를 보면 15분이 음식 하나를 만드는 데 무척 짧은 시간처럼 보이지만, 사실 식당에서는 레시피도 숙지하고 있고, 밑손질이 다 되어 있기 때문에 재료를 '조립'해 완성하는 건 생각보다 금방이다. (식당 일의 60퍼센트가 밑손질이라고 생각한다. 조립·완성·제공이 10퍼센트, 정리정돈과 청소가 30퍼센트.) 하지만 영업 시간에 〈냉장고를 부탁해〉처럼 요리를 하면 대참사다. 주문을 받고 나서 1부터 10까지 모든 단계를 거쳐 음식을 만들기란 불가능하다. 그래서 예전에 직원이 많은 주방을 관리하던 시절, 아침 조회 시간에 '빈틈없는 준비는 곧 완벽한 서비스'임을 자주 강조하곤 했다.

손님에게 음식을 낼 때 메뉴 설명은 되도록 디테일하게 했다. 단품을 팔 때도 필요한 것들은 했다. 그래서 설명 시간이 길었다. 회를 내더라도, 다품종을 제공하니까 시계 방향으로 생선

이름을 말하고, 숙성 방법을 알려주고, 같이 먹을 것들을 어떻게 먹는 게 좋은지도 얘기한다. 조리된 음식의 경우 좀 더 복잡한데, 예를 들면 "주재료인 고기로 반숙 계란의 익지 않은 노른자를 푹 터뜨려서 듬뿍 찍은 다음, 곁에 뿌린 소스에는 산미가 있으니 취향에 맞게 적당량 함께 드시는 걸 추천합니다." 이런 식이다. 강한 맛의 소스를 모르고 마셔버린다거나 해서 의도와는 전혀 다른 방식으로 소비될 위험이 있는 음식이라면 미리 강조해서 말해둔다.

나는 음식에 대한 설명이 중요하다는 걸 40대에 들어서 깨달았다. 일본의 미슐랭 선정 식당에 손님으로 가본 적이 있는데 직원이 포인트를 정확히 짚으면서 구체적으로 설명해준 대로 먹으니 맛이 확실히 좋았다. 설명 자체도 재미있었고 뭔가 신경을 써주는 느낌도 받았다. 식당 네오에서는 미리 직원과 말을 맞추었다. 그런데 직원이 센스가 좋아서 나보다 더 잘했다. 나한테서 설명을 못 들었으면 "오늘은 뭐라고 하면 좋을까요?" 하고 직원이 먼저 물어본다. 나는 직원에게 개인적인 생각을 얘기해줘도 좋다고 했다. 그 직원도 먹어봤으니까. 다만 이렇게 먹는 게 '가장' 맛있다고 말하진 말라고 했다. 음식을 먹는데 틀에 가두는 말은 안 하는 게 좋겠다 싶었다.

식당 네오는 카운터 뒤편이 주방이라 내가 요리하는 모

습이 그대로 보인다. 그런데 카운터 구조가 아니면 굳이 요리사 최강록이 요리하는 식당에 올 필요가 없다고 생각하는 손님들이 있는 것 같았다. 나에게 말을 걸지 않더라도 내가 요리하는 모습을 확인하고 싶어하는 것이다. 그래서 주방에서 분주하게 음식을 만드는 동안에도 확실히 시선이 느껴지는데, 그럴 때마다 체력 소비가 더 되는 것 같다. 솔직히 숨고 싶을 때가 많지만, 대신 자기최면을 건다. 나는 지금 나를 가려줄 옷을 하나 더 입고 있다고. 손님들의 시선을 받으면서 요리를 하는 동안은 나의 성향상 땀나는 시간이지만, 이렇게 찾아와주셨다는 걸 감사해하고 있음은 틀림없으니 내 행동이 부자연스러웠더라도 오해하진 않으셨으면 좋겠다.

    오늘의 요리들을 다 드신 손님이 계산하고 나갈 때는 하던 일을 무조건 멈추고 손님 쪽을 향해 큰 소리로 인사한다. 눈을 마주치고 제대로 인사를 나누고 가고 싶은 분들은 느낌이 온다. 가능하면 손님이 무안하지 않게 그 순간을 잘 맞춰드리려고 노력한다.

8
마감

영업 시간 내내 '오키나와 카페 뮤직'을 반복해서 재생한다. 전통 악기 소리가 매력적인데 사실 이국적이면서 가사가 없는 음악을 찾은 결과다. 손님들이 다 가실 무렵 이 '영업 음악'을 끄고 '마감 음악'을 튼다. 뭔가 정리하는 듯한 느낌의 멜로디, 〈레인Rain〉. 가수 이름 세카이노오와리SEKAI NO OWARI(세상의 종말)를 보고 고른 건 아니다. 마감 음악이 계속 흘러나오는데도 안 가시는 손님이 종종 있다. 혼자 와서 잠든 손님이다. 그러면 스스로 일어나실 때까지 좀 기다리는데, 그러는 동안 청소가 끝난 경우도 있었다.

    손님들이 모두 떠나면 진짜 마감이다. 영업 전의 모습으로 되돌려놓는 게 목표다. 어쩌면 이때가 내일 아침의 컨디션과 기분을 좌우하는 시간이다. 테이블을 닦고 바닥을 쓴다. (진짜 홀 청소는 영업 전에 한다.) 주방 마감은 한 시간에서 한 시간 반 정도 걸릴 만큼 가장 큰 일이다. 이렇게 작은 가게에서는 역할이나 직급에 상관없이 맡은 구역을 책임지고 청소하고 설거지한다. 나는 직원과 반반 나눴다. 이때는 굳이 말하지 않아도 알아서 분주하게 움직인다. 빨리 끝내야 빨리 집에 간다. 마감 노동요 선곡은 주로 직원의 몫이었다. 드럼 소리 쿵쿵, 베이스 소리 둥둥거리며 아드레날린을 폭파시키는 음악이 좋다. 마지막 힘을 짜내야 하니까. 식당 일을 할 때는 최신가요를 꿰고 있었는데, 일을 그만둔 지금 같은 때는 업데이트가 되지 않는다.

쓰레기를 분리해 내놓고 나서 칠판에 적어놓은 재료들을 주문해둔다. 냉동된 것들 중 내일 필요한 것은 냉장실로 옮겨둔다. 정산은 너무 편해져서 마감 버튼만 누르면 된다. 예전에 현금 쓰던 시절, 시재금액과 맞춰보고 얼마가 비면 누가 계산했는지 따져보고 의심하던 일도 없어졌다.

밤 10시가 되면 탄산음료 한 잔을 직원과 나눠 마신다. 한숨을 쉬는 시간이다. 오늘도 한 고비 넘겼네. 다행이다. 수고했다. 오늘 있었던 일, 내일 날씨 준비, 그리고 장사와 상관없는 뉴스 이야기를 몇 마디 나눈다. 이 시간쯤이면 완전 방전이지만, 집에 갈 생각을 하면 조금 힘이 난다. 다음 날이 휴일이면 뿌듯하기도 하다.

식당 네오는 하루의 매출이 정해져 있는 것과 다름없었지만, 예전 식당에서는 그날그날의 들쭉날쭉한 매출이 확정되는 것이 바로 이 시간이었다. 장사가 잘됐으면 직원들이 "200만 원 넘겼다!" "오늘은 신기록이다!" 외치면서 흥을 돋우기도 했는데, 내 입장에서는 안도감과 함께, 재료를 좀 시원하게 살 수 있겠다, 참치 한 마리 살까, 그런 생각이 먼저 들었다. 반대로 장사가 안 됐더라도 되도록 일희일비하지 않으려고 한다. 이럴 때도 있고 저럴 때도 있지. 시간이 좀 필요해. 나아질 거야. 아마 반찬가게를 할 때 최악의 상황을 겪어봐서 그런 것 같다. 요리사로서 기술도 좋고 상상력도 좋다고 자부했던 30대 초반, 하루 매출이 6천 원이었던 시절이었다.

마지막으로 가스를 점검하고 불을 끄고 나와 직원이 문을 잠그면 서로 인사를 하고 헤어진다. 이 순간 직원이 늘 한마디를 남긴다. "네오야, 수고했다."

9
퇴근

식당 네오에서는 한 달에 한 번 회식을 했다. 이런 자리라도 없으면 온통 손님을 위해 일하는 시간뿐이라 주방 풍경이 황량해진다. 직원의 사기 진작을 위해서라도 마련해줘야 하는 게 회식이다. 맛있는 거 먹으러 가자고 며칠 전에 날을 잡으니, 당일이 되면 더 잽싸게 움직여 30분이라도 일찍 마감을 끝낸다.

코로나19 시대 전후로 밤 풍경이 바뀌었다. 늦게까지 하는 술집이 많이 없어지고 예전만큼 술을 먹는 사람들도 줄었다. 그런데 회식을 해야 하는 우리는 그 시간에 어떤 공간이 필요하다. 우리가 장사하는 식당에서는 절대 회식을 하지 않는다는 게 나의 원칙이다. (물론 편하게 자기 업장에서 회식을 하는 곳도 많다.) 그 이유는 귀찮아서. 마감까지 끝났는데, 또 먹으려고 차리고 치우는 행위가 일의 연장인 느낌이 들어서 질려버린다. 웬만하면 고기를 직접 구워먹는 곳도 피한다. 또 조리를 할 수는 없다.

그래서 그냥 근처에 불이 켜져 있는 곳에 가게 된다. 닭 숯불구이, 한식주점, 중식포차 같은 곳이다. 우리는 회식을 '퀵 소주'를 한다고 말한다. 소주를 빠르게 먹고 헤어진다는 뜻이다. 첫 잔만 서로 따라주고 알아서 마시기로 한다. 술을 받으려고 잔을 드는 것도 귀찮다. 회식 두 시간 동안 서로 말은 거의 안 하게 된다. 그리고 빨리 취한다.

20대 때 회식은 지금과 많이 달랐던 것 같다. 정작 고기를 먹으러 가면 시켜주는 것만 먹고 추가주문도 못 했다. 한번은 사장님이 "먹고 싶은 거 다 먹어" 그랬는데 주방장이 중간에서 나지막이 "돼지고기 먹어" 하는 거다. 아니, 사장님이 저렇게까지 말씀하시는데, 하면서 내가 소고기를 주문했다. 내 옆구리를 푹 찌르며 미쳤냐고 한 주방장이 결국 취소시켰다. 그 시절 그런 분위기였지만 내키면 새벽까지 2차, 3차를 달렸다. 참 오래 놀았다. 얼마 전 어느 선배가 "치열하게 요리에 대해 토론하면서 밤을 샌 적이 있느냐"고 젊은 후배들에게 물었던 적이 있다. 그런 경험이 있던 나조차 '그런 거 없어진 지 오랜데' 하는 생각이 들었다. 그렇게 치열한 토론이 있으려면 기본적으로 식당이라는 직장 생활이 즐거워야 한다. 요리하는 게 재미있으니 일이 끝나서까지 요리 얘기로 이어지는 것이다.

밤 11시, 늦으면 11시 20분쯤 귀가. 후딱 씻고 식탁에 앉으면 12시다. 씻자마자 자는 건 좀 비참하다. 아침에 출근해서 워밍업 시간이 필요했다면, 자기 전에는 쿨링다운 시간이 필요하다. 개인적인 하루의 마무리다. 그래도 1시를 넘기지는 않으려고 한다. 참을 수 없는 허기가 밀려올 때는 가족들이 남겨둔 족발이나 샐러드를 소주와 함께 먹기도 한다. 봐야 할 자료가 있으면 이 시간에 훑어본다. 잠이 안 올 것 같으면 상비약 같은 평범한 위스키를 꺼내 한 잔만 마신다. 독주를 입안에 오래 머금고 있는 걸 좋아하는데, 핸드폰을 보다보면 3, 4분이 금방 지나간다. 입안에서 뜨뜻미지근해진 독주를 넘길 때 몸에 퍼지는 싸한 느낌이 재미있다.

아무래도 잠잘 일만 남았으니 마음이 좀 가볍다. 하루를 잘 마쳤다는 약간의 행복감도 있다. 한편으로는 걱정이 스멀스멀 피어오르기도 한다. 이렇게 열일곱 시간쯤을 식당에서 살아도 벗어나기 힘든 현실이 짓누르는 느낌이고, 가끔은 장사에 영향을 미칠 게 뻔한 사회 이슈들에 계속 신경이 쓰인다. 그러다 보면 하루 종일 춤을 췄던 풍선 인형에서 바람이 빠지듯 몸이 푹 꺼진다. 젊었을 때였다면 이 시간에 나는 외로웠을 것이고 못 견뎠을 것이다. 하지만 지금은 이렇게 일상을 똑같이 반복할 수 있는 동력이 떨어지지 않았다는 게 신기하다. 젊었을 때는 없었던 아이가 지금 방 안에서 잘 자고 있기 때문일 것이다.

일요일과 월요일은 휴무일이다. 식당 일을 신경 쓰지 않으려고 아예 머릿속 스위치를 내려버린다. 그래서 이발을 하는 것도 잊어버린다. 그래도 월요일 초저녁부터 주문을 하기 때문에 영업 준비를 하는 셈이다. 이틀을 온전히 쉬지도 못한다. 아이와 놀고 가족에게 신경을 쓰다보면 내 시간이랄 게 없다. 시간이 좀 지나면 자연스럽게 나 자신을 돌볼 시간이 생기겠지만 지금은 아닌 것 같다. 우리 아버지가 이렇게 살았구나, 이렇게 해서 내가 컸구나 하는 생각도 든다.

10
식당 네오

장사를 오래 해도 첫날은 늘 떨린다. 식당 네오를 오픈했을 때도 안 떨리는 것처럼 연기를 했다. 능숙한 척, 동요하지 않는 척. 20대에 맨 처음 가게를 할 때는 하면 될 거야, 다짐할 만큼 혈기왕성했는데도 첫날 헛구역질이 올라왔다. 지금은 그 정도는 아니지만 두근거림은 여전하다. 또 시작됐구나. 사계절을 몇 번 겪을 수 있을까? 얼마나 많은 시간을 견뎌내야 할까? 이런 생각들이 머릿속을 스쳐간다. 그럴 때마다 이건 내가 늘 해왔던 것이다, 익숙한 일이다, 그런 말을 마음속으로 되뇌려고 했다. 그러다 새 공간에 스며들면 긴장감은 자연스럽게 사라졌다.

'네오'라는 이름과, 그 이름에 걸맞은 '올드'하지만 '뉴'한 콘셉트는 어느 하루 날을 잡아서 생각해낸 것은 아니었다. 일상에서 영감을 받은 것들이 정리되던 차에 식당을 해야겠다는 결심과 맞물려서 만들어진 것이다. 새 가게의 새로운 콘셉트에 맞취 내가 어떤 요리를 해서 어떻게 손님들의 관심을 끌게 될지 설레는 마음은 가게 문을 열기 전, 준비 기간뿐이었다. 실전이 시작되면 전쟁이다. 주문이 밀려들고, 항의가 들어온다. 사람들의 감정을 직접 맞닥뜨려야 한다.

식당 네오는 작은 공간이어서 구조를 바꾸기가 쉽지 않았다. 예산의 문제도 컸다. 4인용 테이블이 있는 작은 방과, 주방 앞 카운터에 여덟 개의 1인석이 있었다. 가게의 구조도 그렇고 술과 안주라는 메뉴도 그래서인지, 사람들은 드라마 〈심야식당〉의 따뜻한 에피소드를 상상하지만 그곳은 현실의 식당이었다. 백반집에서 훈훈한 드라마가 매일 펼쳐지지 않는 것처럼, 식당 네오도 여느 식당과 비슷하게 작은 호의가 오가는 정도의 공간이었다.

식당 네오 손님 중에는 가게 안을 쓱 훑어보고는 대략의 매출을 계산하는 분들이 있었다. "이후에 한 타임 더 안 하세요?" 질문이 나오면 그분은 이미 우리 가게의 손익계산이 끝났다. 가격도, 손님 수도, 영업일수도 정해져 있었으니까. 예약 대기자가 많다는 건 너무도 감사한 일이었지만 그건 그만큼 영업을 지속할 가능성을 말해줄 뿐 추가 수입과는 상관이 없었다.

〈흑백요리사〉가 흥행을 하자 식당 네오를 찾아오시는 분들이 많아졌지만 나는 그분들을 만족시킬 만한 준비가 안 돼 있었고, 그래서 식당을 지속할 자신감이 없었다. 〈마스터셰프 코리아 2〉에서 우승을 하고 차린 식당에서 어느 손님이 "우승해서 돈도 많이 벌었는데 왜 이렇게 식당이 후줄근하냐" 했던 말이 떠올랐다. 나는 〈흑백요리사〉에서 우승도 못 했지만, 손님들의 높아진 기대감을 채워주기에 식당 네오의 공간은 충분하지 않다는 걸 알았다. 그렇다고 그 공간에서는 다른 식의 운영을 생각해본 적이 없다. 한 타임을 더 돌리거나 직원을 채용할 마음이 없었다. 공간을 확장 이전하는 것은 상상조차 하지 않았다. 내가 감당할 수 있는 범위가 딱 이 정도였던 것 같다. 식당 네오는 그냥 이런 크기의 이런 분위기로 남았으면 좋겠다고 생각했다. 폐업을 하게 돼도 이 형태로 하고 싶었다.

식당 네오는 애초에 2년만 해보자 하고 연 곳이다. 최악의 경우라도 2년은 버텨봐야 하지 않겠나 싶었다. 2년은 문제없다는 자신감은 아니었고, 사계절을 두 번은 겪어봐야 알 수 있다는 경험과 꼭 그래봐야겠다는 결심 같은 것이었다. 그러다 운 좋게 1년 더 한 것이다. 방송과 상관없이, 끝나는 시점은 이미 내 인생 계획에서 정해져 있었다. 한편으로는 좀 더 지속 가능하게 운영했어야 하는데 그러지 못한 부끄러움도 있다.

식당 네오의 마지막 영업일, 혼자 앉아 있는 새벽 30분은 똑같았다. 오늘 하고 나면 긴 휴식이 있겠구나 하는 생각을 좀 했다. 직원이 출근을 했을 때는 오늘은 특히나 다치지 말자고 당부했다. 밑손질을 하고 점심을 먹고 손님을 맞고 그러는 하루 일과는 여느 날과 마찬가지였다. 손님들이 다 가시고 평소와 다름없는 마감 청소를 했다. 그러고는 어제처럼 직원과 나란히 앉았다. 우리는 벽에 붙여두었던 손님들 사진들을 하나씩 함께 봤다. 손님이 나에게 사진과 사인을 요청하면, 나도 손님한테 부탁드려서 폴라로이드 사진 두 장을 찍고는, 하나는 드리고 하나는 사인을 받아 가게 벽에 붙여놓았던 것들이다. 이런 분들이 오셨었네. 우리한테 남아 있는 게 사진밖에 없었다. 마지막 앨범 정리였다.

이럴 때 시원섭섭하다. 가게가 있다는 것, 가게의 그늘이 있다는 것이 얼마나 중요한지 안다. 나에게 가게가 있는 날과 가게가 없는 다음 날은 완전히 분위기가 다르다. 요리사인 내가 요리를 하는 행위가 중지되는 느낌이다. 영업에 대한 스트레스는 잠깐 벗어났을지 몰라도, 감정적으로 좀 흔들린다. 힘들게 공든 탑을 세워놨는데, 하루아침에 사라진 기분이다. 만감이 교차한다. 감정을 단칼에 정리하긴 어렵다. 하지만 나는 이제 메말라서 눈물이 나진 않는다.

함께 열 번의 계절을 넘긴 직원에게 마지막 인사를 했다. "이런 시스템에서 군말 없이 같이해줘서 고맙다. 결국 로또가 안 됐네. 잘 가라." 여기는 일단 정리를 하고 추후에 기회가 있을 때 '헤쳐 모여' 하자고, 그동안 다른 데서 잘 배웠으면 좋겠다고 몇 마디를 더했다. 가게 불을 끄고 나와 문을 잠그고 나서, 짐을 빼야 하니 내일모레 다시 만나자고 하고 헤어졌다. 특별할 것 없는 퇴근길이었다.

40대가 돼서는 반복적이고 평범한 일상에서 벗어나는 일, '튀는 일'은 안 하려고 했다. 오늘이 마지막 날이니 밤늦게까지 술을 먹어야지, 그러지 않았다. 그런 게 별 의미가 없다고 생각했다. '튀는 일'은 위험을 동반하기 마련이다. 그런데 이렇게 조심히 살아도 '튀는 일'이 생기게 된다. 그러곤 늘 다음 날 후회를 한다. 다행히 이번엔 별일이 없었다. 후회할 일도 만들지 않았다. 그래서 짐 빼는 날은 내 마음이 꿈쩍도 안 했다. 폐업을 많이 해봤으니 짐을 빼는 일도 익숙했다. 단지 귀찮았을 뿐이다.

지금까지 내 인생을 버스 노선표로 정리해보자면, 몇 개의 정거장들이 떠오른다. 처음 시작했던 가게부터 거쳐갔던 식당과 직장, 중간에 참가했던 방송들. 가장 최근에 지나온 정거장이 식당 네오였다. 네오는 처음 기획한 콘셉트를 그대로 실현해본 공간이었고, 오래된 손님들과 추억을 공유한 곳이기도 했다. 나는 식당 네오가 '돈을 더 벌 수 있는데 닫아버린 곳'으로 기억되는 건 원치 않는다. 이제 나는 식당 네오라는 정거장에서 선을 쭉 그어서 다음의 새 정거장으로 가는 중이다. 또 다른 음식을 만들어보고 싶은 의욕이 남아 있으니 네오에 대한 아쉬움보다는, 언제가 될지 모르지만, 나의 새 식당에 대한 기대를 더 키워보려고 한다.

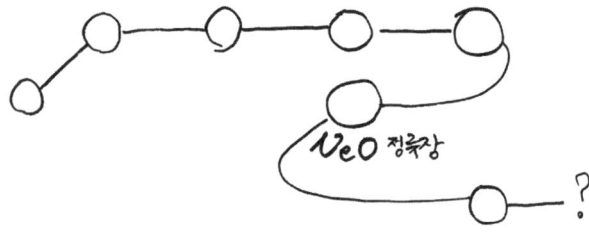

11
나의 식당

식당을 운영하는 동안, 가족들이 자고 있을 때 나와서 자고 있을 때 들어가니, 주말 아니면 가족들의 얼굴을 볼 수 없는 생활이었다. (어느 순간 아이가 너무 커져 있더라.) 이건 식당 주인의 일반적인 패턴이라고 할 순 없다. 내 일상을 뜯어보면 불필요하고 비효율적인 시간이 많았기 때문이다. 하지만 나는 할 일이 있으면 빨리 끝내놓고 그 자리에서 다음 단계를 준비하고 있어야 마음이 편하다. 할 일을 안 하고 집에 있으면 쫓기는 기분이 든다. 이게 다 내 성격 탓이다.

식당 네오에서 내가 운영이나 마케팅을 잘하고 있는지를 고민해보는 시간은 따로 없었다. 잠시 숨을 돌리는 시간에도, 퇴근 후 자기 전에도, 수시로 그런 생각이 들었기 때문이다. SNS를 보면 실시간으로 다른 식당의 멋진 요리와 인테리어 사진이 뜨고 식당 경영에 대한 조언들이 넘쳐난다. 나는 어떻게 하고 있는 건가, 걱정이 안 될 수가 없다. 나는 식당 운영자로 몇 점이나 줄 수 있을까? 이렇게 숫자에 약한 걸 보면, 또 통장 잔고를 보면, 나는 낙제점이다. 식당 경영과 요리는 분리할 수 없지만 그래도 나는 주방 일에 집중하는 게 나은 것 같다.

그래도 내가 꿈꾸는 식당의 그림은 있다. 손님과 주방 간의 거리가 멀지 않아서 손님이 자신이 먹을 음식이 조리되는 과정을 생생하게 라이브로 볼 수 있는 식당이다. (요리사인 나를 보게 하는 게 아니다.) 요리의 현장감이 있는 곳이랄까. 손님이 주문을 하면서 이제 나를 위해 요리가 시작되는구나 하고 가까이서 지켜볼 수 있었으면 좋겠다. 물 쓰는 소리도 들리고 부글부글 끓는 국물도 보이는 건 물론이고, 요리사가 나에게 내줄 그릇에 완성된 음식을 담는 모습까지 손님이 확인할 수 있었으면 좋겠다. 그러면 손님이 주문한 요리에 대해 요리사와 손님이 자연스럽게 느낌을 공유할 수 있을 것이다.

메뉴에는 어떤 테마나 이야기를 담아볼 수도 있겠다. 맛있는 술을 주제로 작은 접시의 다양한 요리들을 내보는 건 어떨까? 그리고 너무 분주하게 빠른 속도로 돌아가지 않으면 좋겠다. 그러려면 작은 공간이어야 한다. 반드시 어떤 목표를 이루려고 하기보다 여생을 쭉 함께 보낼 수 있는 곳이 되길 바란다.

유튜브도 없던 시절에는 정보를 공유할 수 있는 요리책 도

서관을 만드는 게 꿈이었다. 요리책이 가득한 공간에 주방도 있어서 손님들의 질문도 받고 직접 시연도 해보는 것이다. 이런 성격을 나의 작은 식당에 접목해보고 싶기도 하다. 식당 한편에 요리책을 가득 꽂아두어서 시간적인 여유가 있는 손님이라면 천천히 읽어볼 수 있게 하는 것이다. 그런데 그게 현실적으로 가능할지는 모르겠다.

나도 언젠가 더 이상 젊은 요리사들의 기술과 감각을 쫓아가지 못하고 요리사로서 체력도 상상력도 한계에 다다를 때가 올 것이다. 그럴 때 내가 할 수 있는 음식이 그동안 준비해온, 그리고 앞으로도 계속 준비해나갈 막국수라고 생각한다. 육수를 내고 국수를 말아주는 형태가 아마도 내가 요리사로서 하는 마지막 요리가 아닐까 싶다. 메밀면을 뽑고 육수를 내는 과정이 일정한 범위를 벗어나지 않는 데다, 창의적인 아이디어보다는 내가 세워둔 맛의 기준에 맞춰 음식의 상태를 좋게 만들려는 노력이 필요한 일이다. 육수를 뽑을 때 나오는 수육 정도는 메뉴에 추가할 수 있겠다. 그게 내가 최대한 단순화할 수 있는 식당의 루틴인 것 같다. 아마도 나의 마지막 식당은 막국수 가게가 될 것이다.

다른 요리사들도 마찬가지겠지만, 나에게도 식당을 한다는 건 내가 살아 있고, 살고 있다는 의미다. 이 세계에서 나의 기능을 다하고 있는 느낌이다. 요리사로서 직장을 다니거나 방송을 하는 것도 충분히 순기능을 펼쳐 보이는 기회이지만, 요리사인 나 자신을 온전히 쓰는 데는 아무래도 한계가 있을 수 있다. 회사라는, 방송이라는 틀에 나를 끼워맞춰야 하니까. 하지만 식낭을 하는 나는 육수를 이틀간 끓여도 되고 재료 손질을 새벽부터 해도 된다. 내 요리의 완성도를 내가 최대한 높일 수 있다. 최강록이라는 요리사의 주된 기능을 제대로 발휘할 수 있는 공간이 바로 식당이다.

요리사로 산다는 것

1

요리사의 재능
─ 요리사를 꿈꾸는 사람들에게

흔히 요리사가 갖춰야 할 재능으로 꼽는 것이 창의성이다. 최종적인 담음새가 창의적이라거나 입안에서 연출되는 맛이 창의적인 것을 상상한다. 우리가 아는 유명한 요리사들은 대부분 창의성이 돋보이니까 그렇게 생각할 수도 있겠다. 그런데 요리의 모든 영역에서 창의성이 필요한 것은 아니다. 고급 식당이 모든 요리를 대표하지 않는다. 우리에겐 매일 만족스럽게 먹을 수 있는 백반집도 있어야 한다. 맛의 뾰족뾰족함 없이 한결같고 안정적인 맛을 내는 것도 요리가 추구하는 하나의 방향이다.

창의적인 요리를 표방하는 식당이라도 마찬가지다. 일반적인 회사 조직이 그렇듯 주방 조직에서도 각자의 역할이 있으니 주방에 있는 모든 요리사가 창의적일 필요는 없다. 주로 대표 셰프나 주방장이 창의성을 발휘하면, 그 아래서 누군가는 그 창의적인 요리를 정확하게 재현해주고, 누군가는 조리 과정이

엉망이 되지 않게 주방을 계속 정리하면서 뒷받침을 해준다. 당장 창의성을 발현하고 싶더라도 반드시 거쳐야 할 숙련의 단계가 있다. 그러니 요리사로 첫발을 떼는 데 창의성이 있으면 좋지만, 없어선 안 될 요소는 아닌 것 같다.

그래도 창의성이 전혀 없어서 요리사가 못 될 것 같다고 걱정하는 학생이 있다면, 책을 많이 보라고 권하고 싶다. 요리책에 나오는 수많은 음식들을 차곡차곡 머릿속에 담아보면서 그중 몇 개는 직접 만들어보고, 그릇에 놓아보고, 비슷하게 그림도 그려보는 것이다. 나의 의문은 나의 실천으로 해소되는 법이니까. 사실 나도 창의성이 꽝이다. 그런데 책에서 봤던 요리 그림들이 머릿속에 많이 축적되어 있다가 이런저런 조합으로 나오는 것뿐이다. 그래서 지금도 가끔 들춰보는 요리책이 100권은 넘는 것 같다.

게다가 요즘은 검색만 하면 전 세계의 음식 사진들이 쏟아져나온다. 나도 시간이 날 때 인스타그램의 푸드 관련 카테고리로 들어가서 전 세계 미식 사진을 구경하곤 한다. 간접경험이 쉬워진 시대여서 담음새만큼은 수많은 사례를 참조할 수 있게 됐다. 실제로 음식을 만드는 과정은 조금 더 품을 들여야 한다. 책을 보면서 시간과 온도, 용량 같은 숫자를 확인하는 습관을 들이면 어디서 레시피를 봐도 머릿속에서 쉽게 요약이 잘된다. 예쁜 걸 많이 보는 것도 중요하지만, 과정도 같이 따라가면 자기 레퍼토리가 풍부해진다.

그다음 필요한 재능으로 민첩성이나 순발력을 들기도 한다. 손님이 주문을 하자마자 요리사가 뚝딱 음식을 만들어내는 걸 보면 손이 빠른 게 요리사의 큰 장점 같다. 하지만 식당에서는 시간표가 정해져 있다. 요리사는 그 시간표에 맞춰서 하루를 설계하면 된다. 그리고 식당마다 어떤 순서로 어떤 작업을 하는지, 어떻게 일정한 시간 안에 손님에게 음식을 내가는지가 시스템으로 만들어지기 마련이다. 그러면 손님이 몰리거나 없거나 하는 극단적인 상황만 아니면 별문제 없이 잘 돌아간다. 방송에서 나더러 굼뜨다, 답답하다 하면서 '느림핑'이다, 심지어 개미 핥기다 하지만, 식당에서 요리하는 속도 때문에 사고를 친 적은 한 번도 없다. 20대 때와 달리 요즘 좀 느려진 건 그냥 노화 현상일 뿐이다.

음식점에서 속도는 정확성을 동반해야 인정받을 수 있다. 주문을 정확히 처리하는 것이 중요한데, 오더를 대충 보고 시작했다가 틀린 메뉴를 만든다든가, 손님이 뭘 빼달라고 했는데 까먹는다든가 한다면 아무리 손이 빨라도 소용이 없다. 재료도 버리고 시간도 버리는 최악의 사태다.

음식을 잘하는 데 가장 기본적인 조건이 뭐냐고 묻는다면 나는 위생이라고 답하겠다. 맛과 모양, 창의성, 전통 등 음식의 모든 요소를 초월하는 게 안전이다. 안전한 음식은 곧 위생적인 조리에서 시작된다. 그래서 위생 관념이 없으면 요리사가 될 수 없다. 그렇다면 위생 관념도 재능이라고 할 수 있을까? 우선은 교육으로 형성되는 것이라고 생각한다. 이건 상식적인 '불조심' 같은 것이니 굳이 안전 사고를 겪어보지 않아도 경각심을 가질 수 있다. 그런데 가르쳐도 안 되는 사람들이 있다. 내가 가장 듣기 싫어하는 게 "안 죽어!"라는 말이다. 그렇게 만들어도, 그렇게 먹어도 "안 죽어!" 하고 마는 사람들. 그러고 보면 이 위생 관념이란 것도 어느 정도는 조심성처럼 타고난 심성일지도 모르겠다.

그리고 또 중요한 것이 성실성이다. 매일 제시간에 출근하는 일부터가 기본인데, 나도 젊을 때 아르바이트를 하면서 친구들이 놀러 가는데 같이 가려고 무단결근을 해서 잘린 적이 있다. 지금 생각하면 너무 철이 없었다. (사장님, 다시 한번 죄송합니다.) 매일 반복되는 일상을 잘 견뎌내는 것도 대단한 인내다. 하루에 1천 개씩 꼬치를 꽂는 일을 하게 된다면 그건 권태를 넘어서는 일이다. 생각하는 인간에게 굉장한 고통일 수 있다. 그런 순간이 요리뿐 아니라 모든 영역에서 올 것이다. 그때마다 나는 일부러라도 이런 생각을 한다. 기술이라는 건 100번 정도는 해야 통달하는 것이고, 나는 그 100번을 향해 가는 도중이다. 100번이라는 목표를 세워서 지루함을 느끼지 않겠다고 자신에게 최면을 거는 것일 수도 있다.

그런데 살아보니 출발선이 좀 달라도 기본을 지키면서 성실히 시간을 보내면 결국 어느 지점에서 만나는 것 같다. 젊었을 때는 학교를 1, 2년만 늦게 들어가도, 실패한 경험이 하나만 있어도 낙오자 같고 인생에서 뒤처지는 줄 알지만, 지나고 보면 정말 아무 일도 아니었다. 내가 별로 재능이 없었기 때문에 콤플렉스가 많았는데, 세월을 견디다보니 내 단점들을 그렇게 심각하게 고민하지 않았어도 됐을 텐데 하는 생각이 들었다. 문제는 다 같이 어느 한 점에 모이고 나서, 그 후의 삶이다. 더 중요한 건 지속하는 것이다. 늦게 시작했더라도 지속하는 사람이 대단한 것이다. 그만두지 않고 지속하면 반드시 쌓이는 가치가 있다고 생각한다.

2
요리사 되기

최강록 셰프. 요즘에는 요리하는 직업을 가진 사람을 '셰프chef'라고 부르는 것 같다. 그런데 셰프라고 하면 조직의 수장, 그러니까 주방장이라는 뜻이 먼저 떠올라서 나는 그냥 요리사, 굳이 영어로 하자면 '쿡cook' 정도가 아닐까 싶다.

사실 나는 요리사가 되려고 해서 된 건 아니었다. 살다보니 그렇게 되었다는 게 맞겠다. 요리와 아주 작은 연을 맺은 것은 20대 초반이었다. 나는 IMF 때 군 입대를 했다가 제대하고 바로 학교를 자퇴했다. 공부를 더 해서 뭐 하나 싶고 빨리 돈을 버는 게 나을 것 같다는 생각이었다. 여러 군데 아르바이트를 했다. 오토바이 배달 일도 했고 돈가스집에서 고기 두드리는 일도 했다. 그러다 동네 작은 일식집에 일자리를 구했다. 아르바이트라도 기술을 배울 수 있는 곳이 좋겠다 싶었다. 그 집에서 캘리포니아롤을 팔았는데 그때 처음 캘리포니아롤이라는 것의 매력을 알았다. 제대로 배우고 싶어서 그 무렵 스시아카데미라는 요리 학원을 다녔다. 그러다 스물네 살 때 겁도 없이 캘리포니아롤 가게를 차린 것이다. 장사는 오래가지 않았다. 동업이 잘되지 않아서 나는 먼저 빠져나왔다.

초밥에 더 깊게 들어가봐야지 그러고 있었는데, 주변 사람들은 내가 요리를 배웠으니 무슨 음식이든 잘 만들 거라고 생각했다. 같이 놀러 간 친구들은 고기 굽는 일은 나한테 맡겼고, 친척 어른들도 할머니 생신 때 상차림을 해보라고 했다. 나는 초밥을 하는 사람인데? 사실 초밥만 하고 있을 때도 나는 일식을 하고 있다고 생각했지만 할 줄 아는 게 없었다. 이게 고민이 되었다. 나는 하나밖에 못 한다는 것. 나는 못 한다, 못 한다… 이런 생각이 차곡차곡 쌓였다.

가게를 떠나고 나서 경험이 중요하다는 생각에서 음식과 관련된 곳이면 식당에서든 회사에서든 닥치는 대로 일을 했다. 그러다 회전초밥이 눈에 들어왔다. 주변 사람들에게 도움을 청해 무리를 좀 해서 작은 회전초밥집을 열었다. 그 가게로는 간신히 먹고살 정도는 됐다. 그러자 단골이 된 손님들이 나에게 묻기 시작했다. 요리를 몇 년 했는지, 어디서 배웠는지, 일본은 가봤는지. 그때 내가 하고 있는 게 맞는 건가 의심이 들었다. 가뜩이나 나는 레퍼토리가 없다는 열등감에 정체성에 대한 고민까지 없어졌던 것 같다. 나는 뭘까? 나는 뭘 할 수 있는 걸까? 여러 경험을 통해 아는 것이 많아지긴 했지만 제대로 배우고 싶다는 마음이 간절해졌다. 그 길로 가게를 팔고 그 돈으로 일본 유학을 갔다.

일본에 대해 잘 몰랐다. 도쿄에 자본이 집중되어 있을 테니 훌륭한 요리도 도쿄에 있을 거라는 생각에 도쿄에서 어학연수를 하면서 학교를 알아봤다. 조언해줄 선배가 주변에 없었다. 물망에 오른 학교 중에 츠지조리사전문학교는 학비가 비쌌지만 규모가 커서 일본 내 네트워크가 잘돼 있지 않을까, 그 네트워크로 모인 방대한 자료가 반영되었다면 커리큘럼이 좋지 않을까 하는 기대가 들었다. 그래서 오사카로 옮겨 츠지에 입학했다. 동기가 몇십 명이었는데 신설된 조리기술 매니지먼트 학과여서인지 한국인은 나밖에 없었다.

그래도 어느 학교를 가건 학교가 나를 슈퍼맨으로 만들어주진 않는다는 건 알고 있었다. 역시나 스스로 움직이지 않으면 안 되었다. 서른이 되어 요리 전문 학교에 처음 들어갔으니 돈과 시간이 허비되는 게 너무 아까웠다. 그래서 무조건 열심히 했다. 말하는 능력이 완성되지 않았던 때는 궁금한 게 생기면 질문을 일본어로 미리 다 적어가서 선생님한테 보여주었다. 그렇게 선생님들을 쫓아다니며 질문을 하니 커리큘럼 밖의 소소한 지식들이 늘어났다. 배운 것은 무작정 외워서 시험도 잘 봤다. 1년쯤 지나서는 말하는 것도 나아졌다. 필요하니까 노력하고, 노력하니까 되었다. 장사할 때보다 더 치열했던 것 같다.

나는 유학 기간 전체가 문화 체험이라고 생각했다. 일본에서도 여길 오길 잘했다는 생각이 들었다. 비록 한국에 돌아가면 빈털터리가 되더라도 말이다. 한국에서는 30대가 되는 것이 절망적으로 느껴졌는데 새로운 경험으로 의욕이 생겼다. 세세한 요리 기술을 배운 것만으로는 설명할 수 없는 값진 시간이었다. 환율이 많이 뛰는 바람에 1년 더 있지 못하고 2년 만에 돌아왔지만.

하지만 누구에게나 유학이 필요한지는 내가 답할 수 없는 질문인 것 같다. 츠지를 가고 싶어하는 사람들이 종종 나를 찾아왔는데 해줄 말이 없었다. 분명 나한테는 좋은 기억이었지만, 나는 남들과 다른 계기로 선택한 것이었다. 다들 삶의 맥락이 다르고, 들이는 품과 시간, 경제적 요건을 다 고려해볼 순 없으니 뭐라고 조언을 해줄 순 없겠다. 다만 경험을 체계화하는 과정은 중요한 것 같다. 나는 체계 없이 시작을 해서 나중에 체계를 다시 찾아 끼워넣어야 했다.

나는 요리사를 꿈꾸며 요리 학교에 진학해 전공 분야를 정하고 현장에 뛰어들어 바닥부터 경험을 차곡차곡 쌓는 정통 코스를 밟은 요즘 요리사들과 정반대의 길을 걸었다. 사회 초년생으로서 생계를 위한 도구로 생각하고 요리를 시작했지만, 음식의 세계를 떠돌면서 수많은 시행착오를 겪다보니 어느 순간 나는 요리사가 돼 있었다. 그래서 지금도 어떤 꿈을 가지고 요리를 시작한 학생들 앞에서 멘토 강의를 해달라고 요청이 오면 민망하기도 하고 해줄 얘기도 없어서 거절을 한다.

하지만 돌아보면 좌충우돌하는 시간 동안 내가 했던 노력만큼은 확실히 말할 수 있을 것 같다. 내가 부족한 점들이 매일매일 보이니 가만 있을 수 없었다. 내가 뭘 모르는지, 뭘 알아야 하는지, 나의 상태를 계속 체크하던 날들이었다. 생선이, 고기가, 채소가 왜 이렇게 됐지? 어제와 똑같은 과정을 거쳤는데 오늘은 결과가 왜 이런 거지? 조금씩 달라지는 상태와 상황에 대한 궁금증이 점점 커져갔다. 해봐야 할 것, 알아야 할 것이 너무 많았다. 그래서 어떻게든 직접 해보려고 했고, 알려고 했다.

나는 요리책을 통해서 지식을 많이 얻었다. 요즘처럼 인터넷으로 구매를 할 수 없던 시절이라 《스시의 잡지すしの雑誌》 한 권 보려고 매번 교보문고에 예약을 하기도 했다. 일본어도 못하니 그림만 보는 것이다. 책에 나온 요리를 모두 해볼 수는 없지만, 그중에서 만들어보면 맛있겠다 싶은 것들, 분량이 자세히 적혀 있는 것들은 꼭 만들어봤다. 《조리법별 일본요리》는 번역

전부터 알고 있어서 그 책에 나온 요리는 거의 다 해봤다. 요즘은 유튜브에 요리 영상이 많아서 그것만 봐도 쉽게 할 수 있을 것처럼 느껴지지만, 직접 손으로 만들어보는 일은 별개다. 내가 본 그대로 재료를 손질하고 분량을 측정해서 조리를 해보고 나서 결과물이 제대로 나온 건지 확인하는 작업은 귀찮지만 정말 도움이 많이 된다. 처음에는 그 결과물이 맛없을 때가 많아도, 점점 실패의 비율이 낮아지면서 맛이 나아지는 걸 알 수 있다. 그렇게 나의 요리 레퍼토리가 하나씩 늘어가는 것이다.

나는 지금도 늘 부족함을 느낀다. 다른 장르의 요리를 하는 분들을 보면 내가 모르는 것이 정말 많구나 하는 생각이 든다. 해봐야 할 것, 알아야 할 것은 여전히 많다. 너무 많다. 어찌 보면 나는 우연히 요리사가 되었지만, 내가 생각하는 요리사가 되려는 노력은 여전히 진행 중인 것 같다.

3
걱정, 걱정, 걱정

오래 서 있으니 무릎이 아프다. 거품기를 한창 휘젓고 있으면 팔에서 쥐가 난다. 주문서의 작은 글씨가 안 보인다. 점심때면 병든 닭처럼 졸리다…

요즘 나의 가장 큰 걱정은 노화다. 요리사가 다른 직업에 비해 노화를 일찍 겪는다는 게 아니고, 요리사라는 직업이 스포츠선수처럼 젊을 때만 할 수 있는 일이라는 것도 아니다. 누구도 피할 수 없는 노화지만, 몸을 쓰는 요리사로 살면서 노화를 마주할 때 드는 개인적인 걱정일 뿐이다. 그런데 요리사는 비슷한 동작들로 이루어진 같은 패턴의 일상을 반복하니 몸 상태의 변화를 바로 느끼는 것 같기도 하다.

20대에 요리 학원을 다닐 때 호텔 주방장 출신 원장님이 있었다. 그분이 도미 대가리를 쪼개는데 잘 안 되는 거다. "이 칼 누가 갈았어?" 그분은 칼이 안 든다고 계속 투덜거렸지만,

내가 볼 때는 손목에 힘이 안 들어가는 것 같았다. 그분도 속으로는 칼 탓이 아니라는 걸 깨닫고 뜨끔하지 않았을까 싶다. 나도 노화가 절감될 때마다 마음이 많이 흔들린다. 앞으로 나이가 더 들면 더 안 좋아질 일만 남았는데 어쩌지? 나는 큰 회사에서 은퇴하는 게 아닐 텐데, 작은 가게에 혼자 남았을 때 버틸 수 있을까?

이제는 무거운 물건을 옮기려면 엄두가 안 난다. 장을 직접 보지 않더라도 택배로 온 물건들을 안으로 들여놔야 할 때면, '저거 잘못 들다가 무릎 나가겠는데' 하는 생각이 먼저 든다. 얼마 전에 나보다 몇 살 적은 후배가 가게 밖에서 악! 비명을 질렀다. 나가보니 혼자서 들통을 들다가 디스크가 터져서 진흙 바닥에 쓰러진 채로 움직이지도 못하고 식은땀만 흘려댔다. 곧바로 구급차를 불러서 병원으로 보냈다. 다른 직업을 가진 친구들은 요리사들도 운동을 해야 한다고 충고하지만, 일인다역을 하는 식당 요리사의 시간표에 운동이라는 단어를 집어넣기가 쉽지 않다. 주방에서 몸을 많이 움직이긴 해도 노동과 운동은 엄연히 다르다.

운동은 못 하지만 아파서도 안 된다. 나는 자기관리에 취약한 편이라 할 말은 없지만, 비타민과 유산균을 챙겨먹고 컨디션이 안 좋으면 일을 자주 끊고 잠시 쉰다. 그리고 위험할 것 같으면 본능적으로 행동을 자제하는 할아버지의 지혜가 생겼다. 사실 아파도 그냥 일을 한다. 식당 네오 때는 예약제로 하니까 덜 아팠던 것 같다. 예약 손님이 반드시 올 거라는 걸 알고 계속 긴장을 하고 있어서일 것이다. 디스크 같은 건 갑자기 찾아오지만 감기 면역력은 강해지는 듯했다. 아무튼 아파서 휴무를 한 기억은 없다.

SNS에서 신선 같은 흰 눈썹의 일본 할아버지 요리사가 요리하는 모습을 본 적이 있다. 다들 요리 장인의 미담으로 훈훈하게 공유하는 듯했지만, 나는 같은 직업인으로서 미묘한 느낌이 들었다. 우선은 남 일 같지가 않았다. 큰 조직에 속한 게 아니라면, 나이가 많은 요리사나 젊은 요리사나 기본적으로 하는 일은 같다. 경력이 쌓일수록 일이 본능처럼 몸에 붙긴 하지만, 일 자체가 편해지는 건 아니다. 영상 속의 저 요리사 어르신이 정말로 건강한 상태로 일을 좋아하는 것이길 바랐지만, 나는 인생의 적당한 시기에 은퇴를 하는 게 행복이라고 생각한다.

식당을 하는 요리사로서는 외부적인 요인들이야말로 큰 걱정이다. 천재지변처럼 내가 손쓸 수 없는 일이니 걱정만 하게 되는데, 그만큼 본업인 요리에 집중을 할 수가 없다. 한번은 태풍이 온다고 해서 예약금을 다 환불해준 적이 있었다. 결국 태풍은 안 왔지만, 예약 손님이 올 때까지 계속 불안해할 수는 없었다. 메르스나 코로나19처럼 그전에는 누구도 겪어보지 못한 사고가 터지면 속수무책이다. 얼마 전 비상계엄 국면도 그랬다. 만화에서처럼 아무도 없는 길거리에 신문지 한 장이 팔랑 날아다니는 걸 봤다. 가뜩이나 환경오염, 기후변화 때문에 생선의 제철이 사라지고 흔했던 생선들이 없어지는 걸 보면서 슬펐는데. 제발 주변이 다 평화로웠으면 좋겠다.

그 밖에도 요리사로 하루를 살면서 걱정할 것은 많다. 매일 다른 손님을 대하는 미션이니 음식을 만들고 접대를 하는데 어떤 실수도 없어야 한다는 긴장감이 늘 있다. 더 기본적으로는, 내 요리, 내 가게에서 누구도 다치지 않기를 바란다. 그런 일이 한번 생기면 아주 오래 트라우마로 남는다.

나는 소심해서 걱정이 많은 사람이다. 그래서 걱정은 극복하는 게 아니라 같이 가는 것이라고 생각한다. 매번 체크하면서 그때그때의 걱정을 지워나간다. (곧 다시 그만큼 걱정이 생긴다.) 또 걱정이 스트레스로 연결되니 건강에는 안 좋겠지만 가게 운영에는 도움이 되는 것 같다. 나처럼 가스를 잠갔는지 세 번씩 확인하면 사고를 미리 방지할 수 있다. 예전에 가게 밖에 흡연구역이 있던 시절에, 퇴근을 하는 길에 손님 재떨이에 물을 부었는지 걱정이 들었다. 직원에게 전화를 했더니, "글쎄요" 한다. 그래서 바로 차를 돌려 가게로 돌아와서 하나하나 확인을 했다.

그렇게 사소한 걱정이 더 큰 안심으로 돌아온 경우가 있다. 가게를 제대로 돌아가게 하려면 나는 늘 노심초사해야 한다.

그래도 다음에 가게를 열면 걱정은 내가 할 테니 옆에서 괜찮다 괜찮다 해주는 직원을 뽑고 싶다. 걱정 많은 사람들이 모여 있으면 서로 걱정해주다가 걱정이 폭발할 것 같다. 성향이 다른 사람들이 골고루 섞여 있는 게 좋겠다. 그래서 나의 MBTI는…

4
소소한 즐거움

하루 일과 중 제일 즐거운 것은? 물론, 집에 가는 시간이다. 오늘을 잘 마무리했다, 오늘의 임무를 완수했다는 생각과 함께 문을 잠그면서 느껴지는 보람이 있다.

가끔씩 손님이 "아, 자알 먹었습니다!" 할 때 긴장이 잠시 탁 풀리곤 한다. 정말 맛있게 잘 먹었다는 만족감을 요리사인 나에게 꼭 전해주고 싶은 마음이 느껴져서인 것 같다. 나도 손님이 이렇게 드시면서 이런 맛을 즐기셨으면 좋겠다 하는 의도가 제대로 전달됐구나 싶어서 기분이 좋아진다. 생각해보면 신기하다. 처음엔 요리사를 보고 찾아온 손님이 음식을 매개로 단골이 되면서, 서로의 필요를 충족시켜주며 같이 나이 들어가는 특별한 공생관계가 된다. (그런 손님일수록 절대 선을 넘지 않고 오래간다.)

조직으로 일할 때는 목표와 역할이 공유되는 게 중요했다.

그래야 내가 하는 일에 의미가 생기니까. 그냥 당근만 줄창 깎고 있는 것과, 내가 깎는 당근이 다음 단계로 넘어가서 조리가 되어 접시에 담긴다는 의미를 이해하고 당근을 깎는 건 정말 다른 일이다. 예전에 여러 사람이 일하는 주방에서 관리자 역할을 한 적이 있었다. 그때 조직원들이 함께 시간을 충분히 들여서 새로운 시스템을 구축하고, 그 시스템에 따라 새로운 음식 메뉴가 합의되었을 때, 그리고 그 새로운 음식이라는 같은 목표를 가지고 각자 다른 역할을 착착 해내서 요리 한 접시를 완성했을 때 뿌듯함이 컸다.

요리사인 나는 늘 혼자서 결정하고 혼자서 완성하고 혼자서 성취감을 느낄 것 같지만, 돌이켜보면 내가 요리로 손님을 만족시키고 동료를 설득한 순간들이 유독 즐거운 기억으로 남았다. '내 것'이 인정받아서 좋았다기보다 그렇게 요리를 통해 공유되는 감정들이 좋았다는 게 맞겠다.

또 다른 즐거움도 있다. 요즘엔 처음 보는 식재료도 늘어나고 그에 따른 조리법도 장비도 다양해졌다. 그래서 주방에서 새로운 재료를 가지고 새로운 장비를 이용해 새로운 방식으로 요리를 해보는 재미도 커졌다. 나는 이걸 새로운 만남이라고 표현하고 싶다. 어떻게 보면 식재료도 인간관계와 비슷하다. 오래된 친구처럼 잘 아는 사이도 있지만, 새로 만나는 친구들은 성격을 파악하고 친해져야 한다. 오래된 친구들과 계속 친하게 지내면서 새로운 친구들과도 적극적으로 사귀는 것이 요리사의 숙명 같다.

10여 년 전에 백화점에서 잠깐 보이다 사라진 아이스플랜트가 최근에 다시 나와 반가웠다. 물방울이 맺혀 있는 것 같은 모습에, 씹으면 아삭하면서 짭짤한 맛이 나는 특이한 채소다. 샐러드에 포인트를 주기에 제격이다. 외국친구 우미부도는 바다포도라는 뜻인데, 익히지 않고 바로 따서 먹었을 때 충격적일 만큼 식감이 재미있었다. 일반적으로 식초를 뿌려서 먹고 회에 곁들임으로 낸다. 염장 말고 생물은 구하기가 쉽지 않지만, 언제든 한번 요리에 제대로 써보고 싶다.

새로운 조리법은 아니지만, 최근에 압력조리에 관심이 생겼다. 냄비에 넣고 끓이고 삶고 하던 것들을 압력이라는 조건에서 조리하면 시간을 얼마나 단축할 수 있는지 궁금해졌다. 식당을 할 때 새로운 장비를 들일 형편이 안 됐는데, 압력솥을 들이니 재미난 결과치가 나왔다. 예를 들어, 아주 질긴 소고기 스지를 삶을 때 냄비에 물을 그득 채워서 삶으면 두세 시간 걸린다. 물도 많이 넣어야 하고 가스불도 오래 켜고 신경도 계속 써야 한다. 압력솥으로 바꿔주면 시간이 4분의 1로 줄어든다. 주로 고기를 다룰 때, 특히 우설을 익히거나 육수 원액을 뽑아내는 용도로 썼다.

요즘 장비들은 성능이 무척 좋아졌다. 예전에는 업장에서는 무조건 가스불이었는데 인덕션으로 바꾸는 곳도 늘어나고 있다. 가스로 인한 일산화탄소 중독 같은 병을 방지하려고 전열電熱화하는 게 추세다. 인덕션은 비싸고 온도 조절이 쉽지 않았다. 직관적인 가스불보다 열을 파악하기가 힘들었다. 인덕션 전용 조리도구로 바꿔야 하는 번거로움도 있었다. 그런데 이 모든 문제들이 서서히 해결되어가는 것 같다. 섬세하게 온도 설정까지 할 수 있고 가열도 빠르다니, 다음 가게에서는 가스불과 같이 써보고 싶다. 그리고 스팀 기능과 컨벡션 기능을 합한 스팀컨벡션 오븐은 가게에서 한 사람 역할을 해준다. 급속냉각기인 쇼크프리저는 수분을 그대로 유지하면서 단단하게 얼려서 재료의 상태를 온전히 보존한다. 이런 고가의 장비들은 활용하는 재미가 있다.

나도 사실 얼리 어답터다. (돈이 없어서 그렇지.) 도구 하나를 바꾸면 '득템'한 느낌이고, 장비 하나를 사면 차를 바꾼 느낌이다. 최신 장비는 늘 사고 싶지만, 이전에 가게에 투자한 금액이 전부 회수된 적이 없어서, 막상 사면 마음의 짐이 된다. 나의 작업실이 생기면 이런 장비들을 들여놓고 싶다는 상상을 해볼 뿐이다.

요리사로 일하면서 이런 소소한 즐거움이 일상을 이끌어 나가는 것 같다. 그 덕분에 하루의 스트레스가 조금씩 지워지고 있는 것일 수도 있겠다. 아마 이런 것들이 없다면 우리는 일상을 견디지 못할지도 모른다.

5
좌절감

편집자가 요리를 하면서 느꼈던 좌절감에 대해 써달라고 했다. 그런데 아무리 생각을 해봐도 요리를 하는 것 자체에 대한 좌절감은 없었던 것 같다. 다시 말하면, 좌절이라는 말이 필요할 만큼 큰일은 없었다. 대신 가장 먼저 떠오르는 것은 가게를 운영하면서 겪었던 경제적인 어려움이었다. 사실 나의 경험으로는 요리사로서의 삶과 식당 운영자로서의 삶이 동시에 펼쳐진 경우가 많았으니, 결국 그 시절의 식당에서의 고충은 요리사인 나의 몫이기도 했다.

가게를 열려면 대략 2, 3억 원이 드는데 이 돈을 회수하기가 너무 어렵다. 밖에서 볼 때 알 수 있는 건 손님이 많구나 적구나뿐이어서, 손님이 많으니 돈을 많이 버는구나 할 수는 없다. 임대료든 공과금이든 재료비든 인건비든 식당 운영자가 아니면 알 수 없는 지출 요소들이 많다. 식당은 하루에 벌어야 하는 금액이 정해져 있다. 목표치는 있는데 채워지지 않는 게 문제다. 게다가 여기가 아니어도 손님들이 갈 식당은 많다.

가게의 예비비가 다 떨어지면 가슴이 덜컹 내려앉는다. 최악의 경우에는 재료를 살 돈도 없었다. 다들 알다시피, 자영업자들은 대출도 잘 안 되니 겁부터 났다. 나는 유독 동업을 많이 했다. 그 이유는 동업으로 사업을 시작하는 모든 사람들과 다르지 않을 것 같다. 창업을 할 때 혼자 차릴 만큼 돈이 없기도 했고 동업자를 신뢰하기도 했다. 그런데 시간이 지나면서 극한의 상황이 닥쳐 더 이상 함께 희망을 얘기할 수 없게 되면, 처음에는 생각지 못한 문제들이 대화의 주제가 되면서 갈등이 생겼다. 따지고 보면, 돈 문제로 서로 감정이 날카로워지는 것이다. 잘되려고, 행복하려고 시작한 일인데, 이렇게 두 손에 남은 것도 없이 관계만 틀어지고 나면 깊은 회의감이 밀려든다.

식당을 운영하던 시기의 중간중간에 회사에 몇 번 취직을 한 적도 있었다. 식당을 폐업할 즈음 몸도 마음도 지쳐서 요리를 잠시 쉬고 싶어졌을 때 입사 제안이 들어왔다. 한편으로는 어차피 식재료를 다루는 회사이니 다니는 동안 다른 지식을 쌓아도 좋을 것 같았다. 그런데 처음의 청사진과 달리, 월급이 안 나오는 때가 많아서 회사 생활도 오래가지 못했다. 그 경험은, 요리사로서는 아니지만 요식업계에서 일하는 사람으로 겪은 좌절이었다.

결국에는 나 혼자서 내 가게를 여는 게 답이라는 생각이 들었다. 내 가게에서 내 요리를 선보이는 것. 그것이 크고 작은 좌절들을 겪으며 돌고 돌아 요리사로서 내가 내린 결론이었다.

돌아보면 짜임새 있는 삶은 아니었다. 보통의 계단은 일정한데, 내 삶의 계단은 높낮이가 좀 들쭉날쭉했던 것 같다. 어떤 계단은 너무 낮아서 기억나지 않을 만큼 오르기 쉬웠을 것이다. 어려운 시기의 계단은 한없이 높아 보였다. 다리를 아무리 올려도 닿지 않아서 기어올라가야 할 때도 있었다. 나에게 요리는 쉽게 지치긴 하지만 지금 여기까지 계단을 오르게 해준 두 다리다. 한편으로는 눈이 되어 요리를 통해 세상을 보게 했다. 요리로 트인 시야는 어떨 때는 답답했고, 또 어떨 때는 시원하게 펼쳐졌다. 그래도 이 끝없어 보이는 계단이 내리막길은 아니었다는 믿음이 있다. 남들보다 높이 빨리 오르진 못했어도.

6
요리사가 되어서 하게 된 일
— 학교 강의

대학 중퇴의 학력인 내게 학교 강의는 꿈꿀 수 없던 일이었다. 그런데 일본 츠지조리사전문학교에서 유학을 했고, 나카무라아카데미에서 교직원으로 일했고, 〈마스터셰프 코리아 2〉 우승을 한 전력 덕택에 대학과 호텔학교에서 학생들에게 일본요리에 관해 가르칠 기회가 있었다. 학교 강단에 선다는 게 나로서는 대단한 영광이었다.

    가르치는 일은 꼭 해보고 싶었다. 나카무라아카데미에서 일할 때 가르치면서 배우는 게 많다는 걸 알게 되었다. 가르칠 준비를 하는 것부터 복습의 의미가 있어서 지식이 내 머릿속에 각인되는 느낌이었다. 무엇보다 한국의 업계 현황, 그리고 츠지와 나카무라, 두 학교에서 배운 지식, 이후에 경험을 통해 정리해둔 실무 팁들을 전해주려고 했다. 이미 나는 버릴 것들과 취할 것들이 구분되어 있으니 내가 아는 것을 잘만 가르쳐주면 학생들에게 도움이 될 거라고 생각했다. 그때 나는 진심이었다.

현실은 만만치 않았다. 수업 여건이 생각보다 열악했다. 실습을 최대한 재미있게 하려고 했는데, 수십 명 학생의 실습에 도미 한 마리가 배정되기도 했다. 1인당 한 마리는 아니어도 4인1조로라도 생선을 직접 만져보게 해야 했는데 늘 예산이 부족했다.

게다가 그때는 〈마스터셰프 코리아 2〉 이후여서 내게 코믹한 이미지가 씌워져 있던 터라 장난을 치는 학생들이 많았다. 그래서 나는 계속 방송 얘기를 꺼내는 학생들에게, 음식을 하는 데는 마스터라는 게 있을 수 없다, 마스터셰프라는 건 허상이다, 나도 마스터를 하지 못한 요리사이니 방송에 나오는 사람으로만 보지 말고 같이 요리를 하는 사람으로서 대화를 해보자, 하고 진지하게 말했다. 물론 씨알도 안 먹혔다. 그래도 나는 최대한 덜 웃고 딱딱한 이미지를 보여주려고 애썼다.

이 일도 오래가지는 못했다. 대학에서는 세 반을 맡아서 학생들이 꽤 많았고 과목도 일본요리에 관한 것 세 개였는데, 내가 필기와 실기 시험과 평가도 진행해야 하고 주말에는 채점도 해야 했다. 일이 너무 많아서 허덕였다. 이 학사관리를 나 같은 강사가 원래 다 해야 하는 건가, 어리둥절했다. 무엇보다 그 일만으로는 생계가 불가능했다. 다른 일 안 하고 학교에서 가르치는 일만 할 수밖에 없는 일정이었는데, 서울에 살던 내가 지방까지 오가는 교통비도 너무 부담스러웠다. 당시에 나는 결혼을 한 상태여서 부족함이 더 크게 느껴졌는지 모르겠다.

대학에서 학생들을 가르치면서, 내가 가르치는 걸 좋아한다는 걸 깨달았다. 어떤 지점에서 내 방식을 알려주고 원래대로 했던 방식과 비교해본 후 좋은 쪽으로 선택하라고 했을 때, 내 방식대로 해서 결과가 좋게 나오면 뿌듯했던 기억이 좋게 남았다. 몇 년 전까지 연락을 해오던 학생들이 있었다. 이제는 사회에 나가서 "교수님께 배울 때가 좋았습니다." 하는 문자를 보내왔다. 나도 답을 했다. "교수라고 부르지 마…"

앞으로도 기회가 되면 가르치는 일은 계속 해보고 싶다. 어떻게 살아야 할지를 알려주는 멘토 역할은 사양이지만, 요리 실무에 관한 지식을 나눠줄 수 있는 기회라면 좋을 것 같다.

7
요리사가 되어서 하게 된 일
— 서바이벌 프로그램

혹시나 저 상금을 탈 수 있을까, 그렇게 되면 정말 좋겠다 하는 마음에서 〈마스터셰프 코리아 2〉에 지원을 했다. 당시 나는 반찬가게를 실패하고 빚이 있었는데 회복할 방법이 없었다. 그런데 저 상금으로 지금 상황을 타개할 수 있어 보였다. 그리고 저 상금은 요리라는, 내가 할 수 있는 일을 잘하면 받을 수 있는 것이었다.

그때는 가게가 없으니 집에서 준비를 해야 했다. 가족에게는 자세히 얘기는 못하겠고 요리 대회에 나간다고만 하고 도미찜을 했다. 아버지 어머니한테 맛을 좀 봐달라고 했다. 아버지는, "나는 잘 모르겠다, 이건 너나 먹어라." 어머니는, "글쎄 이게 무슨 맛인지 난 모르겠다." 충격을 받았다. 우선 시식 인원 선정이 잘못됐다고 생각했다. 그리고 내가 생각해낸 음식이 모든 사람에게서 공감을 받을 수 있는 것은 아니구나 생각했다.

그 후론 집에서 절대로 요리를 안 했다. 아무튼 그 도미찜을 가지고 가서 1차 통과를 했다.

첫번째 미션은 아귀 요리였다. 나의 요리는 '오만한 요리'라는 평가를 받았다. 긍정적인 말은 아니었지만, 나는 마음에 들었다. 평범한 음식으로는 받을 수 없는 평가였다. 그때 나는 주눅이 들어 있었다. 나는 왜 이럴까, 어쩌다 여기까지 나와 있는 걸까, 자책을 하고 있었다. 그런데 지나치게 자기 표현이 강하고 자신감이 넘치는 음식을 내가 만들었다니. 다음번에도 살아남을 수 있을 것 같았다.

돌이켜보면 모든 순간이 치열했다. 기존에 하던 음식이 아니어서 그때 만든 것들은 다 기억이 난다. 참가한 사람들 모두 그러지 않을까? 결승을 마치고서는 '이제 다 끝났다' 싶었다. 너무 졸렸다. 집에 가서 한숨 자고 났더니 좋은 꿈을 꾸고 일어난 것 같았다. 그전에 내 삶은 악몽이었는데. 사람이 참 간사하다.

서바이벌 프로그램에서의 성공과 실패는 진짜 운인 것 같다. (《흑백요리사》를 다녀오니 그때 운이 더 좋았구나 생각이 들었다.) 중간중간에 내가 아는 재료가 미션의 주제로 나올지, 모르는 재료라도 그 시점에서 내가 아는 레시피와 연결 지을 수 있을지, 사람에 따라 유리할 수도 불리할 수도 있다. 내가 1등을 한 것이 운이었다는 게 절대 겸손이 아니다. 서류 심사, 면접 심사부터 선택이 안 된 사람들이 몇천 명인데, 그 수많은 사람들 틈에서 한 사람으로 뽑혔다는 건 행운의 행운이 겹친 대단한 행운이었다고밖에 말할 수 없겠다. 1등을 한 이후에 학교에서 일하게 되었고, 비즈니스를 같이 해보자는 권유도 많이 받았다. 책도 쓰고 나중에 번역도 하게 되었다. 그전에는 상상도 못 했던 일들이었다. 나에게서 뻗어나간 나뭇가지가 많아졌다는 것이 가장 큰 성과였다.

〈마스터셰프 코리아 2〉의 영상은 지금도 유튜브에 돌아다닌다. 그 안에서 10여 년 전의 내가 좀비처럼 주기적으로 살아 돌아온다. (지금과 다른 그때의 내 모습이 부끄럽지는 않다. 그것도 나니까.) 나에게 '내적 친밀감'이 있다고, 지금도 응원하고 있다고 얘기를 해주는 분들이 많은데, 이것 덕분이었구나 생각이 든다. 특별히 뭘 한 게 없는데도 그동안 열심히 활동을 한 것처럼 비춰지고, 그래서 잊히는 걸 늦춰주고 있으니 이것도 복이구나 싶다. 장사를 하는 데도 도움이 되어 고맙게 생각한다.

그 후로 10여 년 만에 〈흑백요리사〉에 참가하게 되었다. 섭외 연락을 받고, 출연을 결심하기까지 한 달 넘게 걸렸다. 나는 이제 내 식당에서 내 앞가림하는 것 말고는 방송에서도 사회에서도 내가 할 역할이 없다고 여겼다. 그런 내 삶에 이번 기회가 다시 한번 자극제가 될 수도 있겠다 싶었다. 그리고 어떤 순간이 되면 내가 늘 되뇌는 문장이 다시 생각났다. 아무것도 하지 않으면, 아무 일도 일어나지 않는다.

참가 결정을 하고 나서도 고민이 됐다. 서바이벌이라는 게 절대로 만만치 않은데, 이제 나는 머리가 잘 돌아가지 않을 텐데. 그래도 그동안 놀지는 않았으니 뭔가 새로운 게 나한테서 나오지 않을까? 아니, 요즘 트렌드와 기술을 내가 따라잡을 수 있을까? 고래들의 싸움에 등이 터지는 새우라도 될 수 있을까? 〈마스터셰프 코리아 2〉를 하고 나서 내가 만든 닭날개조림, 메밀김밥 같은 요리들이 화제가 되었던 때가 떠올랐다. 요리는 한 번 해서 먹으면 사라지는 게 당연하다고 생각했는데, 영상에 남아 계속 방송되는 요리는 '내 작품'이 되어 영원히 사는 것 같았다. 그때의 신기함과 성취감에 다시 가슴이 뛰었다. 그래, 고래 싸움에 새우 등 터질 때 나는 장어가 돼야지. 그래서 모든 난관을 빠져나가야지.

막상 시작되니 식당을 할 때는 느껴보기 힘든 도파민이 팡팡 터졌다. 여기서 중독되면 못 나가겠는데 하는 생각부터 들었다. 사실 이 스튜디오에 있는 동안에는 스트레스가 어마어마하다. 그런데 막상 '스타트!' 하고 시간이 가면서 집중력이 극대화될 때만의 짜릿함이 있다. 이번에는 요리보다 인터뷰 영상으로 너무 큰 관심을 받았다. 사실 나는 내 앞에 세 명 이상이 있으면 위험 신호를 느끼고 자동적으로 말문이 닫히는데, 어둡고 조용한 공간에 있으면 말이 잘 나온다. 아무튼 그 말들이 그렇게 화제가 될 일인가 싶다.

애초에 출연 결정을 하면서 염두에 두지 못한 것이 있었다. 내가 서바이벌 프로그램에 딱 한 번 출연을 해서 1등을 했다는 사실이다. 다시 말해, 나는 떨어져본 적이 없었다. 〈흑백요리사〉에선 요리 세 번 만에 떨어지면서, 아 이게 떨어지는 거구나 싶었다. 마음이 좀 복잡했고, 여운이 꽤 오래갔다. 좌절감이었다. 역시 스튜디오가 철거될 때까지 있는 게 최고였다. 떨어지면 인터넷을 1년 안 한다고 했는데 그냥 3개월이라고 할걸. 별별 생각이 머릿속을 드나들었다.

나는 요리를 하는 사람에게 서바이벌 프로그램에 나갈 기회가 있으면 꼭 도전해보라고 하고 싶다. 짧은 시간에 정신없이 머리를 쥐어짜내고 요리를 하다보면 요리사로서 어떤 실력과 어떤 자세를 준비해두면 좋은지를 깨닫게 된다. 붙고 떨어지는 상황에서도 얻을 수 있는 게 굉장히 많다. 나는 유학보다 서바이벌 프로그램을 더 권장한다. 관심이 있다면 반드시 직접 경험해보면 좋겠다.

8
요리사가 되어서 하게 된 일
— 요리 프로그램

〈냉장고를 부탁해 2〉는 처음 정호영 셰프를 통해서 섭외 연락이 왔다. "이거 괜찮아. 같이 해보면 재미있어. 경쟁이 주가 아냐." 계속되는 설득에 거절하는 것도 예의가 아닌 것 같아서 해보겠다고 했다. 어차피 15분은 나한테 가능하지 않은 시간이니, 방송 몇 번 해보면 나를 더 안 부르겠지 하는 마음이었다. 그러고 나서 문득 걱정이 들면, 그 방송에 나오는 모든 분들이 다 해내니까 나도 뭔가는 할 수는 있겠지, 그래도 늘 결과물을 내오면서 살아왔으니 안 되진 않겠지 하고 생각했다. 못 하게 되면 라면이라도 끓여야지.

첫 촬영 날, 낯선 환경에 모르는 사람들과 있으니 나는 정호영 셰프만 쳐다보고 있었다. 그나마 〈흑백요리사〉 특집이어서 아는 얼굴들이 있었지만 엄청나게 많은 카메라에 둘러싸여 수많은 시선이 나에게 꽂힌 채로 서 있다는 게 나한테는 너무

나 큰 어려움이었다. 지나간다, 지나간다, 모든 것은 지나간다, 자기최면을 걸었다. 몸 떨림이 진정된 건 몇 번 방송을 더 하고 나서였다.

    15분은 예상보다 더 짧았다. 조리의 한 과정을 5분, 7분, 10분 정해놓고 끝내는 일은 자주 해왔지만, 밑준비 없이 시작부터 완성까지 15분 동안 요리를 완성해야 한다는 건 출연 안 했으면 영원히 못 해봤을 경험이었다. 매번 재료가 달라지고 주제가 바뀌니 미리 뭐라도 준비할 수 있는 상황이 아니었다. 그래도 요리를 여러 번 해보면서 아주 서서히 적응이 되어갔다. 내 실력이 조금은 업그레이드가 된 느낌이었다. 앞으로 음식을 설계하는 데도 도움이 되겠구나 싶었다. 한 10년 더 하면 진짜 잘할 수 있을 것 같은데. 그래도 김풍 작가를 따라잡을 순 없어 보인다. 전혀 긴장하지 않고 즐겁게 얘기하고 요리하면서 방송 분량과 맛을 다 챙겨가는 재능이 있다. 역시 즐기는 자를 이길 순 없다.

    이 프로그램이 본격 서바이벌은 아니지만 승패가 있다는 게 문제였다. 나는 지더라도 요번에는 좋은 시도였다 하면서 나를 토닥이는데, 계속 지니까 주변 사람들이 "또 졌어?" 하면서 승패에 대한 얘기를 먼저 꺼냈다. 그런 말을 자꾸 들으니 나도 좀 의기소침해졌다. 연속으로 패배하는데 누가 즐겁겠는가? 가끔 자기 전에 불쑥 생각이 나면 내가 미션에 충실하지 않았나, 나의 한계는 여기인가, 나 자신을 되돌아보기도 했다. 하지만 이번에 졌으니 다음에 꼭 이겨야지, 하는 자극을 느끼진 않았다. 아무리 생각해도 결론은 하나. 내가 할 수 있는 건 다 했다.

우리 아이도 녹화가 끝나고 돌아오면 꼭 묻는다. "졌어, 이겼어?" 아이가 승부를 이렇게 좋아하는 줄 몰랐다. 이건 판타지라고 얘기를 해줬는데도 아이는 늘 진심이다. 그런데 반응이 크진 않다. 내가 이기면 조용히 좋아하고, 지면 조용히 속상해한다. 같이 장을 보러 가서도 갈치를 보면 "아빠 저걸로 이겼잖아", 콜리플라워를 보면 "저걸로 졌잖아" 그런다. 식재료가 승부의 아이템이 됐다. 아이는 아빠의 승부를 즐기면서도 요리에는 관심이 없다.

반면 〈주관식당〉은 〈흑백요리사〉를 찍기 훨씬 전에 유튜브 채널로 먼저 얘기가 되던 프로젝트였다. 나는 방송에 어울리지 않는 사람인데 유튜브는 다양한 개성이 있고 채널 하나하나는 큰 매체가 아니니 프로그램이 좀 특이해도 나름의 존재 가치가 있을 것 같았다. 기획회의를 같이 하면서 나는 못 하겠는 건 못 한다고 하고, 내가 할 수 있는 역할 정도만 얘기했다. 그렇게 내 의향이 많이 반영된 편이었다. 그런데 나중에 넷플릭스로 간다는 말을 듣고 놀랐다. 거긴 대작만 만드는 플랫폼 아닌가? 이런 게 괜찮을까? 일이 커졌다는 생각뿐이었다.

나는 '메인'이 되고 싶지 않았다. 주방 보조를 하고 싶었다. 이 프로그램을 내가 이끌어가지 않고, 보조의 역할을 하는 게 맞겠다고 말했다. 이 프로그램이 식당 콘셉트니까 요리하는 장면이 많이 나오지만 지금도 내가 메인이라는 생각은 안 든다. 그 식당에 오는 손님들이 주인공이다. 한번 녹화를 하고 나면 작가님들한테 오늘 내가 한 말 같은 것도 방송으로 쓸 수 있냐고 꼭 물어보게 된다.

그날의 손님은 정말로 문을 열고 들어올 때 알게 된다. 손님이 누군지 모르는 상황은 일반 식당에서도 마찬가지지만, 여기서는 주문서라는 게 있다. 주문서를 적합하게 해석해서 거기에 내 생각을 더한 음식을 만들어낸다는 게 스트레스이긴 했지만, 따지고 보면 즐거운 스트레스였다. 대신 내 주관으로 해석한 음식이 손님의 기대에 어긋날 수 있다는, 실패에 대한 두려움은 더 크다. 그래도 이런 고민을 해보는 게 요리 인생에서 도움이 되지 않을까 싶다.

주문한 사람이 왠지 아는 사람인 것 같아서 가장 야심 차게, 공격적으로 준비한 음식이 강레오 셰프를 위한 옥돔 요리였다. 어떤 의심도 없이 먹는 사람이 아주 만족할 거라고 생각했다. 이건 되는 거야. 좋아할 수밖에 없는 음식이야. 그런데 찹쌀

이 안 익었다. 늘 하던 대로 안 해서 난 사고였다. 이건 고기의 핏기가 보이는 것과 차원이 다른 대참사였다. 한편으로는 이런 실패를 빨리 겪은 게 차라리 적당한 타이밍인 듯도 했다. 오히려 강레오 셰프의 차례여서, 아예 모르는 사람이 아니어서 다행이었다. (망친 요리만 보고 가버릴까봐 걱정했지만.) 일면식도 없는 손님에게 그런 실수를 했다고 생각하면 아찔하다. 한동안 내가 워낙 풀이 죽어 있으니 같이 출연하는 문상훈 씨가 이슬아 작가의 감동적인 글을 알려주었다. 바로 그 에피소드를 보고 쓴 글이었는데, 실패해도 다시 시작하면 된다는 내용이었지만, 그 글을 읽으면서 그 결과가 나오기까지 내가 타협했던 순간들을 반성하게 됐다. 칼이 지나간 자리는 다시 붙일 수 없다는 진리도 또 한번 절감했다.

그렇게 내향적인 사람이 어떻게 방송을 하냐고 묻는 사람들도 많다. 사실 나도 뭐라고 확실히 정리해서 답을 하진 못하겠다. 지금도 내 안에서 충돌이 있다. 나는 말하는 게 어려운 사람이라, 늘 말하기 전에 생각을 하는 버릇이 있어서 방송에 적합한 사람이 아니다. 그리고 사람들의 주목을 받는 걸 힘들어한다. 그런데 내 생업인 요리와 관련된 기회들이 방송을 통해 찾아와서 내가 시도를 해보는 것이다. 맨날 주방에 있다가 산책을 하는 느낌도 든다. 애초에 큰 반향이 있을 거라고 상상해본

적이 없다. 다만 살면서 단 한 번뿐인 이 시기에, 요리사인 내가 만든 요리들을 방송에 담아놓을 수 있다는 건 정말 대단한 행운인 것 같다.

9

요리사가 되어서 하게 된 일
— 유튜브와 책

내 이름을 건 유튜브 채널의 카테고리는 '교육'이다. 요리에 대한 정보를 공유하기 위해 만든 것이었다. 학교 강의를 하면서 '가르쳐주려고 하면 배우게 된다'라는 걸 깨닫고 학교에서의 즐거움을 영상으로 남기면 좋겠다 싶었던 마음이 계기가 되었다. 영상에 나오는 정보에 대한 질문, 그러니까 '칼은 뭘 쓰세요?' '몇 분을 끓여야 하나요?' 같은 질문과 대답이 매일 이루어지는 댓글 창을 상상했다. 그래서 초기에는 모든 댓글에 답을 달아주었는데, 밤을 샐 뻔했다. 답을 다 달았다 싶은데 화장실 갔다 오면 또 댓글이 달리는 식이었다. 학생들과 소통하긴 쉬워도 댓글들과 소통하는 건 어려웠다. 이게 공격을 하는 말인지 선의로 해주는 말인지 구분이 안 됐다.

요리 촬영을 하려면 준비를 많이 해야 했다. 재료도 사고, 장소도 구하고, 자료 정리도 해야 했다. 유튜브도 가르치려고 하다보니 배우게 되는 일이었다. 그런데 아무리 정보가 많아도 영상이 재미없으면 안 볼 것 같아 편집자와 상의해서 이런저런 요소를 넣고 유머 코드도 얹었더니 채널이 이상해졌다. 결과적으로 나의 의도와는 다르게 더 인기가 없어졌다. 다른 욕심 내지 말고 요리나 하라는 댓글도 달렸다. 처음엔 나더러 댓글은 보지 말라던 편집자가 오히려 댓글을 보고 상처를 받았다. 열심히 한다고 했는데 반응이 안 좋으면 나도 편집자도 시무룩해졌다. 그만큼 시행착오 기간도 길었다. '그래도 안 하는 것보다 하는 게 나으니까' 생각하며 계속했던 것 같다.

그러다보니 나름 형식이 갖춰지고 구독자도 늘어갔다. 딱 만 명이 됐을 때 정말 놀랐다. 이걸 만 명이 본다고? 조금 더 해봐야겠네. 구독자가 늘어나는 게 원동력이 된 것 같다. 그러면서 안 좋은 댓글보다 좋은 댓글이 늘어났다. 〈마스터셰프 코리아 2〉 영상들이 주기적으로 돌면서 구독자가 많아졌다. 최근에는 〈흑백요리사〉 영상의 영향을 많이 받았다. 방송의 행운이 유튜브의 행운을 가져온 셈이다.

지금은 휴식과 재정비의 기간이다. 언젠가는 다시 시작할 건데 시기는 못 정했다. 유튜브는 내가 유일하게 '까불' 수 있는 공간이다. 촬영하는 동안 나를 보는 눈이 편집자밖에 없어서 그럴지도 모르겠다. 이런 편한 공간은 계속 지키고 싶다.

정보를 공유하는 데 보람을 느끼다보니 책도 자연스럽게 생각하게 되었다. 나카무라아카데미에서 일하면서 알게 된 지식을 기록으로 남겨놓고 싶다는 마음이 생겼다. 그래서 재료 손질부터 시작하는 일식요리 가이드 원고를 썼는데 당시에는 출간을 해볼 방법이 없었다.

내가 가장 많이 본 책은 아무래도 요리책이다. 인터넷이 활성화되기 전에는 책이 실무를 배우고 영감도 얻는 데 가장 효과적인 매체였으니까. 요리책만큼 많이 본 건 만화책이다. 《일곱 빛깔 무지개》《H2》《터치》 같은 감정과 표정이 담긴 아다치 미쓰루의 책을 원래 좋아했다. 이 작가의 유머와 로맨스는 자극적이지 않은데 '심쿵'하는 매력이 있다. 《미스터 초밥왕》은 아직도 내 이력에 따라다니는 만화다. 당시 유명했던 안효주 일식 셰프가 《미스터 초밥왕》에 등장하기도 했고, 실제로 안효주 셰프가 일한 신라호텔의 일식 주방에서 이 책을 필독서로 지정했다는 기사를 읽었다. 공신력 있고 교육적인 책이라는 걸 그때 알게 되었다. 이 책을 찾아 읽으면서 초밥을 만드는 데 참고를 많이 했다. 그래서 〈마스터셰프 코리아 2〉에서도 이 좋은 책을 가지고 공부를 했다고 자신 있게 얘기한 것이다. "오, 그걸 보셨구나!" 하는 반응을 기대했는데 마치 나 혼자서 이 만화에 열광하다가 스스로 요리를 터득한 것처럼 와전이 되었다. 여러 번

해명을 했지만, '만화책으로만 요리를 배웠다'는 소문이 잊을 만하면 자꾸 들려온다. 아, 인생은 허상이구나 싶었다.

《최강록의 요리 노트》는 2015년에 처음 나왔는데 너무 안 팔렸다. 그러다 몇 년 전부터 출판사로 이 책을 문의하는 독자들이 있었다고 한다. 아마 유튜브 덕분이었던 것 같다. 그래서 2023년에 개정판을 냈다. 이 책을 쓰던 30대 때만 해도 나는 요리에 대한 지식이 많으니 내 경험을 쓰면 책이 두꺼워지지 않을까 걱정했는데, 생각보다 부족했다. 내용이 얼마 안 됐다. 정보를 전달하는 것은 내 개인적인 이야기를 하는 것보다 더 나를 괴롭힌다. 정확도가 보장되지 않으면 아예 쓸 수 없다는 생각이 강박처럼 들어서다. 그때 책을 쓴 걸 지금 보면 엄두가 나지 않는다.

요리책 번역도 세 권, 감수도 두 권을 했다. 《조리법별 일본요리》와 《칼의 기본》 같은 책은 번역을 하면 확실히 공부가 많이 된다. 일본어도 요리 용어는 따로 있는데 단어들을 찾아보고 내용을 확인해보면서 알게 모르게 복습이 되었다. 번역자로서 추가 설명을 주석으로 달면서 외국 책의 완성도를 번역자가 높일 수 있다는 걸 알았다. 지금은 그 내용을 많이 까먹었지만, 내 머릿속에 남아 있는 것도 반드시 있을 것이다.

번역을 하면서 뉘앙스를 파악하는 것이 쉽지 않았는데, 그

보다 더 크게 느껴졌던 것은 단어 하나하나에 대한 번역자의 책임감이었다. 《돈가스의 기술》을 번역할 때, 책에서 소개된 가게 이름의 한자 발음을 틀리게 번역하고 말았다. 'かつ好'란 곳이 있는데 당연히 일반적인 발음인 줄 알고 '가쓰코'로 적은 것이다. 맞는 발음은 '가쓰요시'였다. 인쇄가 끝난 시점에 편집자가 발견하고는 확인해달라고 연락이 왔는데, 하늘이 노래졌다. 결국 전량 폐기를 하고 다시 인쇄를 했다. 출판사에 미안한 마음에 유튜브에서 이벤트도 했다. 다행히 판매가 잘돼서 마음의 짐을 덜었다.

앞으로 기회가 되면 정보를 전달하는 책은 또 한번 써볼 수 있겠지만, 언젠가는 요리 만화책을 만들고 싶다. 사실 아주 오래전부터 꿈이었다. 요즘에는 아이들을 위한 교육적인 요리 만화는 어떨까 하는 생각이 들었다. 내가 그림을 못 그리니 마음에 맞는 만화가를 만나게 되길 바라며.

10
나는 요리사다

요리사로 살면서 잠에 대해 강박 같은 것이 생겼다. 이 시간에 안 자면 안 된다. (특히 새벽 2시 이후에 잠자리에 들면 치명적이다.) 낮잠은 꼭 자야 한다. 식당 운영자로서도 정해진 시간을 지키는 것은 중요하지만 요리라는 일을 매일 반복하는 요리사로서 컨디션 관리는 필수다. 그러다보니 아침을 빨리 시작하지 않으면 불안하다. 해가 중천에 떠 있는데 자고 있으면 인생의 낙오자가 된 것 같다고, 예전 어르신들처럼 생각하게 됐다.

먹는 것에도 원칙 같은 게 생겼다. 밥은 한 끼를 먹더라도 야무지게 빨리 먹어야 한다. 어릴 때는 밥을 남들보다 천천히 먹는 편이었는데, 남들의 식사 시간을 맞춰야 하는 요리사가 되고 나서는 그렇게 되지 않는다. 그리고 내가 손님으로 다른 식당에 가면 절대 그 자리에서 투덜대지 않는다. 맛 평가는 꼭 집에 가서 한다. 나한테 좀 부족한 면이 보여도 각자의 사정이 있겠거니 한다. 아예 바퀴벌레 나올 것 같은 데는 안 가니까.

    나는 요리를 직업으로 살아온 시간이 그러지 않은 시간보다 더 길어졌다. 나에게 요리는 인생을 관찰하고 해석하는 도구가 되었다. 주변에 무슨 일이 생기면 나는 요리라는 돋보기부터 들이대는 습관이 있다. 요리하는 사람의 시선으로 세상 일을 이해하고, 요리하는 세계관 속에서 자연 현상을 받아들인다. 시간이 가고 계절이 오는 것도 식재료의 제철로 느끼고, 요리하는 행위와 주방의 풍경에 빗대어 세상을 표현하기도 한다. 기후변화를 누구나 인식하지만, 요리사인 나는 그것이 우리의 밥상에 어떤 영향을 미치는지로 확인을 한다.

    요리를 그만두고 싶을 때도 있었다. 음식을 만들어 파는 일에 엄청나게 책임이 느껴질 때 이 일에 질려버린다. 내가 가진 요리라는 기술로 먹고살아야 하는데 그러기가 너무 힘들 때 도망가고 싶다. 그러다 정말로 사업이 안 돼서 문을 닫게 되면 나한테는 이 길이 아닌 것 같다, 그런 생각이 든다. 수고했어, 이 정도면 됐어. 내가 나를 다독인다. 요리에서 탈출하려고 시도도 많이 해봤다. 음식과 관련된 일을 하더라도 직접 요리는 하지 않으려고 취직도 했었다. 그런데 어느 정도 시간이 지나면 몸이 간지러워진다. 다시 음식을 만지고 싶다. 역시, 그건가? 내 안에서 마음의 소리가 들린다. 이쯤 됐으면 다시 해보는 게 어때? 요리로 되돌아가는 나를 합리화하고 만다. 그래, 너는 그 체질이다. 그거 해야 돼.

이제는 살다가 위기에 빠져도, 번아웃이 찾아와도 버틸 힘이 생겼다. 내게는 아이가 있다. 아이의 삶 전부를 어루만져줄 순 없지만, 아이가 지내야 하는 시간, 앞으로 아이가 겪어야 할 시간에 대해 아빠로서 책임감이 분명히 있다. 예전에는 나를 내버려둬도 됐는데, 이제는 내가 무기력하게 있는 게 누구에게도 도움이 안 된다는 걸 빨리 알아차리게 되었다.

돌이켜봐도, 요리사로 살면서 후회되는 일은 없다. 그동안 했던 선택들이 최선이었을 것이다. 대단한 요리사가 되려고 애쓰지도 않는다. 외식업에 종사하는 사람으로서 손을 잘 씻자는 원칙만 있다. 내가 만드는 음식은 최소한 안전하고 안심할 수 있어야 하니까.

인생도 요리사라는 직업 경력도 중반기를 지나고 있다. 전반기는 요리를 현실에서 살아남기 위한 도구로 써왔다. 그만큼 치열했고 쫓기듯 불안하기도 했다. 후반기에도 지금까지와 크게 다르지 않은 삶을 살겠지만 요리사로서 일탈하지 않고 꾸준하게 갈 길을 갔으면 한다. 그 길에 꽃이 한 송이 두 송이 피었으면 좋겠다. 큰 업적을 이루지 않더라도 요리 인생을 살아가면서 내가 최선을 다했다는 뿌듯함에 한 송이, 후회가 남지 않는다는 자신감에 또 한 송이, 내 숙제를 다 해냈다는 성취감에 또 한 송이 꽃이 피길 바란다.

먼 훗날에 내가 굳이 기억될 일도 없겠고, 기억되고 싶지도 않지만, 누군가 어떤 계기로 문득 나를 떠올린다면 그 사람, 요리하는 사람이었지, 최강록은 요리사였어, 정도가 좋겠다.

요리사 최강록.

$$\frac{n}{E}.$$